AF573811

1 En la frontera

A *un, una* § 1a

Lines 1–6

Conteste como en el ejemplo.
Answer the questions
as in no. 1.

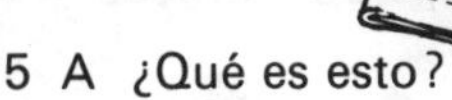

1 A ¿Qué es esto?
B Es un bolso.

2 A ¿Qué es esto?
B . . .

5 A ¿Qué es esto?
B . . .

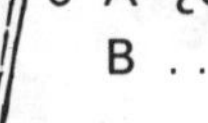

3 A ¿Qué es esto?
B . . .

6 A ¿Qué es esto?
B . . .

4 A ¿Qué es esto?
B . . .

B *el, un, una* § 1

Lines 1–6

Pregunte y conteste como en el ejemplo.
Form questions and answers
as in no. 1.

1 A ¿Hay algo en el bolso?
B Sí, hay un disco.

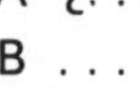

2 A ¿. . .?
B . . .

4 A ¿. . .?
B . . .

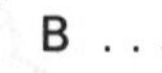

3 A ¿. . .?
B . . .

5 A ¿. . .?
B . . .

C *el, un, una* § 1

Lines 1–6

Conteste como en el ejemplo.
Answer the questions as
in no. 1.

1 A ¿Qué hay en el bolso?
B Hay un disco.

2 A ¿Qué hay en el bolso?
B . . .

3 A ¿Qué hay en el bolso?
B . . .

4 A ¿Qué hay en el bolso?
B . . .

5 A ¿Qué hay en el bolso?
B . . .

D *hay* + singular § 43

Lines 1–6

Construya diálogos como el ejemplo.
Make up dialogues as in no. 1.

1 A ¿Qué hay en el bolso?
B **Un disco.**
A ¿Algo más?
B Sí, hay también **un libro**.

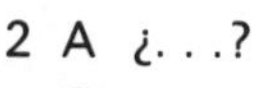

2 A ¿. . .?
B . . .
A ¿. . .?
B . . .

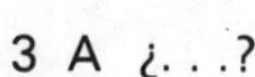

3 A ¿. . .?
B . . .
A ¿. . .?
B . . .

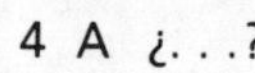

4 A ¿. . .?
B . . .
A ¿. . .?
B . . .

E plurals § 4b

Lines 1–14

Lea como en el ejemplo.
Name the objects as in no. 1.

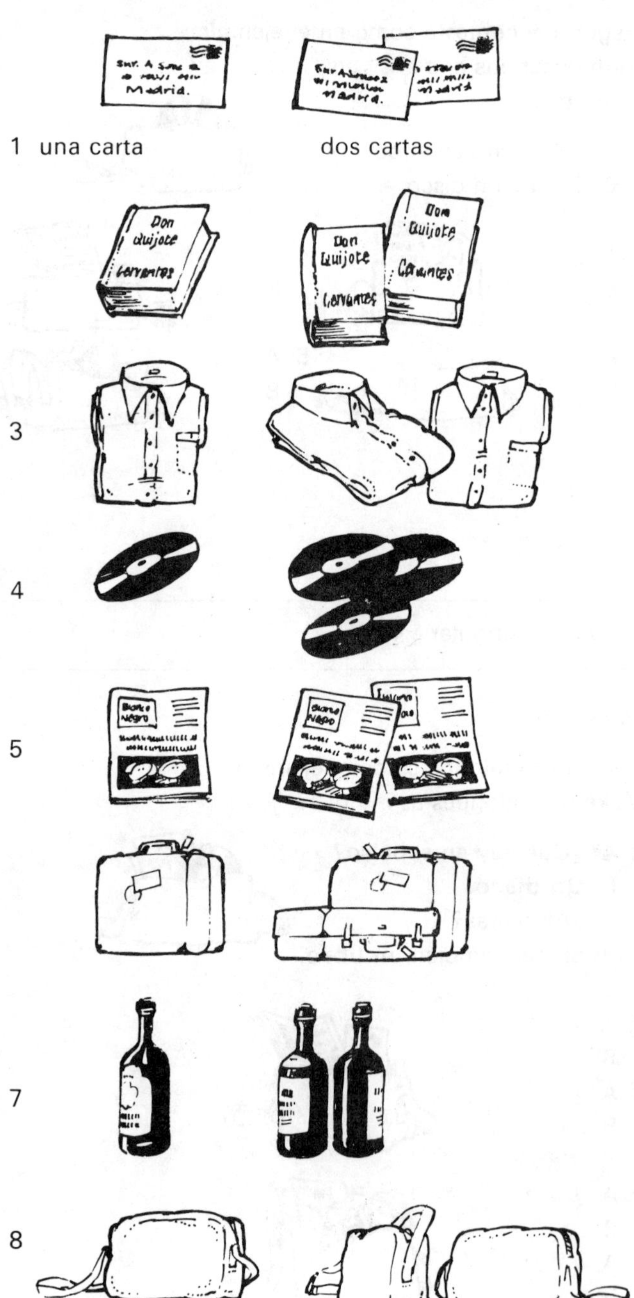

F *hay* + plural § 43

Pregunte y conteste como en el ejemplo.
Form questions and answers
as in no. 1.

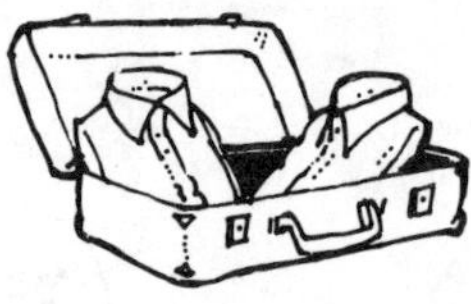

1 A ¿Qué hay en **la maleta**?
B Hay **dos camisas**.

2 A ¿. . .?
B . . .

3 A ¿Qué hay en el . . .?
B . . .

4 A ¿. . .?
B . . .

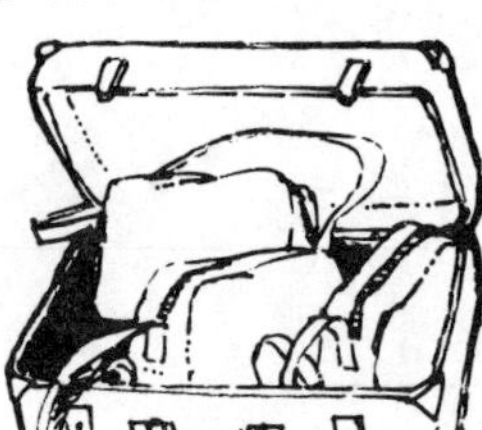

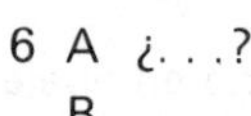

5 A ¿. . .?
B . . .

6 A ¿. . .?
B . . .

G *¿cuántos? ¿cuántas?* § 42

Lines 1–20

Conteste como en el ejemplo.
Answer the questions as in no. 1.

1 A ¿Cuántos libros hay en el bolso?
B Hay dos.

2 A ¿Cuántos discos hay en la maleta?
B . . .

3 A ¿Cuántas botellas hay en el bolso?
B . . .

Pregunte y conteste.
Form questions and answers.

4 A ¿Cuántas . . .?
B . . .

5 A ¿. . .?
B . . .

6 A ¿. . .?
B . . .

7 A ¿. . .?
B . . .

H *¿en qué maleta?* § 42 *hay* + plural § 43

Construya diálogos como en el ejemplo.
Make up dialogues as in no. 1.

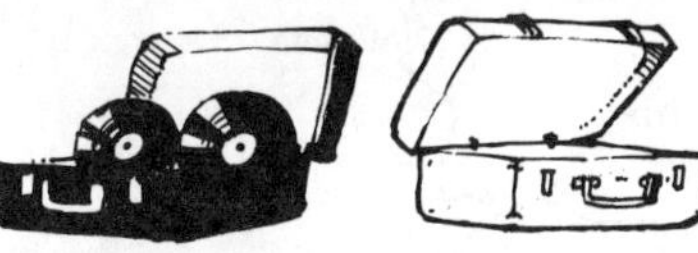

1 A ¿Qué hay en la maleta?
B ¿En qué maleta?
A En **la maleta negra**.
B En la maleta negra hay **dos discos**.

2 A ¿. . .?
B ¿. . .?
A . . .
B . . .

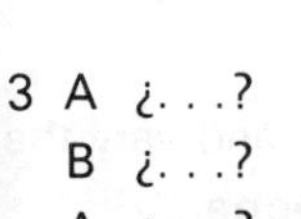

3 A ¿. . .?
B ¿. . .?
A ¿. . .?
B . . .

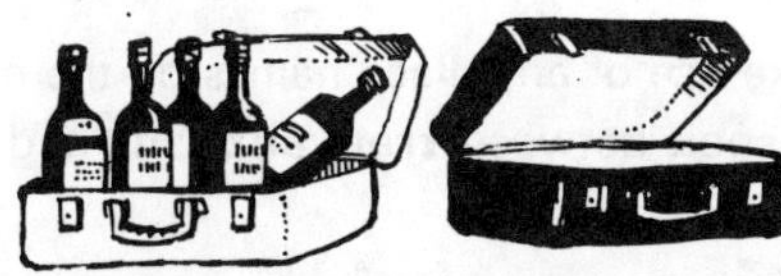

4 A ¿. . .?
B ¿. . .?
A . . .
B . . .

I* ¿Qué hay en el dibujo? Construya frases.
What is there in the drawing? Answer in sentences.

En el/la . . . hay . . .

2 ¿Dónde está?

A Pronuncie.
Read aloud.

1	España	4	Sevilla	7	Córdoba
2	Madrid	5	Valencia	8	Toledo
3	Barcelona	6	Granada	9	Málaga

B Pregunte y conteste como en el ejemplo.
Form questions and answers as in no. 1.

1 A **Madrid** está en España. Y **Toledo**, ¿dónde está?
B **Toledo** está también en España.

Madrid – Toledo

2 Toledo – Sevilla
3 Barcelona – Valencia
4 Granada – Toledo
5 Málaga – Córdoba

C Pronuncie.
Read aloud.

ca, cu, co	una **carta** de **Cuba**, un **disco** de **Colombia**, **cuatro cámaras fotográficas** de **Córdoba**
p	**España, Portugal, Perú**
t	en **Toledo** hay **también** una **maleta**, **tabaco**
g	**Granada, Burgos, Málaga**
ge	**Argentina, Gerona**
gi	**Gimeno**, la **página** (page)
j	**José, Juan**
v/b	una **botella** de **Sevilla**, un **bolso** en **Valencia**, **tabaco** de **Cuba**, un **libro** de **Córdoba**
d	**¿De dónde** es el **disco**? ¿Es **de Madrid** o **de Toledo**? – Es **de Granada**.
ll	en **Sevilla** hay **botellas**
ñ	un **señor** y una **señora** de **España**
ce, ci, z	**Barcelona, cinco, Valencia, Venezuela,** La **Paz**

ch **chocolate** de **Chile**, cinco **chicos** y **ocho chicas**

que, qui ¿**Qué** hay en **Quito**? En **Quito** hay un **paquete**. (parcel)

D Pronuncie.
Read aloud.

1	Lima – Perú	6	Buenos Aires – Argentina
2	Santiago – Chile	7	Quito – Ecuador
3	La Habana – Cuba	8	Montevideo – Uruguay
4	Bogotá – Colombia	9	La Paz – Bolivia
5	Caracas – Venezuela		

E *no* + está § 99a

Mire el mapa en la página 9 del libro de texto. Pregunte y conteste como en el ejemplo.
Referring to the map on p. 9 of the Student's Book, form questions and answers as in no. 1.

1 A ¿**Lima** está también en **España**?
B No, **Lima** no está en **España**. Está en **Perú**.

Lima – España

2	Caracas – Perú – ?	5	La Habana – Chile – ?
3	Quito – Venezuela – ?	6	Bogotá – Cuba – ?
4	Santiago – Ecuador – ?		

3 España

A Mire el mapa en la página 8 del libro de texto. Conteste a las preguntas.
Look at the map on page 8 of the Student's Book and answer the questions.

1 ¿Dónde se habla español?
2 ¿Barcelona es la capital de España?
3 ¿Dónde está la capital?
4 ¿Dónde está Barcelona?
5 ¿Qué es la SEAT?
6 ¿Dónde está (a) Badajoz?
(b) Bilbao?
(c) Sevilla?
7 ¿Qué es Mallorca?
8 ¿Dónde están los Pirineos?
9 ¿Con qué países (countries) limita España?
10 ¿Qué exporta España?

B Pronuncie.
Read aloud.

1	Sagunto	4	Logroño	7	Cuenca
2	Castellón	5	Ávila	8	Segovia
3	Pamplona	6	Benidorm	9	Valladolid

C *voy* § 76
¿dónde está? § 45a

Mire el mapa. Construya diálogos como el ejemplo.
Referring to the map, make up dialogues as in no. 1.

1 A Hoy voy a **Sagunto**.
B ¿A **Sagunto**? ¿Dónde está?
A Está entre **Castellón** y **Valencia**.

D *voy – vas* § 76

Mire el mapa en **C**. Construya diálogos como el ejemplo.
Referring to the map in **Ex. C**, make up dialogues as in no. 1.

1 A Hoy voy a **Sagunto**.
B ¿Cómo vas? ¿En **tren**?
A No, voy en **autobús**.

Make use of any place names on the map and vary the transport between **tren, autobús** and **coche**.

Latinoamérica

A Mire el mapa del libro de texto. Conteste a las preguntas.
Answer the questions, referring to the map in the Student's Book.

¿Con qué países limita *a* Colombia?
b Perú?
c Argentina?
d Bolivia?

B Mire el mapa de Colombia. Lea el texto.
Study the map of Colombia. Read the text.

Esto es **Colombia**. Aquí se habla español.
Bogotá es la capital de **Colombia**.
Está en el **centro** del país.
Barranquilla es una ciudad grande.
Está en el **norte**.
Medellín está en el **oeste**.
Popayán está en el **sur**.
Colombia limita con **Panamá**,
Venezuela, **Perú**,
el Brasil y **el Ecuador**.

C Write a similar description of Chile.

Refer to the map of Chile and in your composition, follow the pattern of the text on Colombia.

D *voy – va usted* § 76

Mire el mapa. Construya diálogos como el ejemplo.
Look at the map. Make up dialogues as in no. 1.

1 A Mañana voy a **Antofagasta**.
B ¿A **Antofagasta**? ¿Dónde está?
A En Chile.
B ¿Cómo va usted? ¿En **barco**?
A No, voy en **avión**.

Use **barco** and **avión** as you think suitable.

Use any place names on the map.

2 A Mañana voy a **Buenos Aires**.
B ¿. . .? ¿. . .?
A . . .
B ¿. . .? ¿. . .?
A . . .

E *no + va* § 99a

Mire el mapa en el libro de texto. Elija dos países. Construya diálogos como el ejemplo.
See the map on p. 9 of the Student's Book. Choose two countries and make up dialogues as shown.

A ¿Adónde va usted?
B A **Cuba**.
A ¿El avión no va a **Colombia**?
B No, va a **Cuba**.

4 En la calle

Lines 1–8

A Mire el dibujo en el libro de texto. Conteste a las preguntas.
Answer the questions referring to the drawing and the text.

1 ¿En qué calle está la señorita Molina?
2 Lleva una maleta. ¿Lleva algo más?
3 ¿Qué busca?
4 ¿Cuántas farmacias hay en la calle de Solano?
5 ¿Cuántos bancos hay?
6 ¿Cuántos bares hay?
7 ¿Cuántos bares hay en la calle de Cervantes?
8 ¿Hay hoteles en la calle de Solana?
9 ¿Cuántos autobuses hay en la calle de Solana?
10 ¿Y cuántos coches hay?
11 ¿En qué calle hay un hotel?
12 ¿Es el hotel Goya?
13 ¿Dónde entra la señorita?

B *el, la, un, una* § 1

¿Un o una? ¿El o la?

1 Esto es una calle.

2 En la calle hay . . . coche.
3 En . . . coche hay . . . maleta.
4 En . . . maleta hay . . . bolso.
5 En . . . bolso hay . . . libro.
6 En . . . libro hay . . . carta.

C plurals in *-s* and *-es* § 4b

Lea como en el ejemplo.
Read aloud as in no. 1.

1 **un tren – dos trenes**

2 . . . avión – dos . . .
3 . . . autobús – dos . . .
4 . . . coche – dos . . .
5 . . . calle – dos . . .
6 . . . bar – dos . . .
7 . . . hotel – dos . . .
8 . . . banco – dos . . .

D – E *el, la + está* § 45a

Lines 1–12

D Pregunte y conteste como en el ejemplo.
Form questions and answers as no. 1, using *señor, señora* or *señorita*.

1 A ¿Dónde está **el hotel Goya**, por favor?
B ¿**El hotel Goya**? No sé dónde está, **señorita**. Pregunte a un guardia.

Ask for:
2 A el bar Colón
B . . .
3 A el banco de Vizcaya
B . . .
4 A el hotel Madrid
B . . .

Lines 1–18

E Construya diálogos como el ejemplo.
Make up dialogues as in no. 1.

1 A ¿Dónde está **el hotel Goya**, por favor?
B Está en **la plaza de Colón**.
A ¿Está **lejos**?
B No, está **cerca**.
A Gracias.
B No hay de qué.

2 el hotel Cervantes
la calle de Cervantes
lejos
cerca

3 el banco de Vizcaya
la calle de Solana
cerca
lejos

4 la farmacia Cervantes
la plaza de España
lejos
cerca

F use of *hay* § 43

¿Qué hay en el dibujo del libro de texto? Construya frases con *hay*.
What is there in the picture in the Student's Book? Make sentences using *hay*.

En la calle de Solana hay . . .
En la calle de Cervantes hay . . .

*¿Cuántas paradas?

numbers 1 – 6 § 16

Construya diálogos como el ejemplo.
Make up dialogues as in no. 1.

1 A ¿**La plaza de Colón**, por favor?
  B Tome el autobús número **seis**.
  A ¿Cuántas paradas hay?
  B **Cinco**.

2 A ¿La calle de Solana, por favor?
  B . . . 4.
  A ¿. . .?
  B 3.

3 La plaza de Goya – 5 – 4
4 La calle de Cervantes – 3 – 2
5 La plaza de Chile – 6 – 1

¿Adónde vas?

A – B *al* (*a + el*), *a la* § 2a

A Pregunte y conteste como en el ejemplo.
Form questions and answers as in no. 1.

1 A ¿Adónde va usted?
  B Voy a **la farmacia**.

farmacia 2 banco 3 plaza 4 hotel 5 calle de Solana 6 bar

B greetings

Construya diálogos como en el ejemplo.
Make up dialogues as in no. 1, using any names you like.

1 A ¡Hola, **Carmen**! ¿Qué tal?
  B Bien, ¿y tú?
  A Muy bien, gracias.
  B ¿Adónde vas?
  A Voy **al cine**, ¿y tú?
  B Voy **a la plaza de Colón**. ¡Hasta luego, **José**!
  A ¡Hasta luego!

cine
plaza de Colón

2 biblioteca / banco 3 bar / farmacia 4 plaza / hotel 5 cine Astoria / calle de Cervantes

5 En Barcelona

A Conteste a las preguntas.
Answer the questions.

Lines 1–6

1 ¿Quién es la chica?
2 ¿Dónde está?
3 ¿Dónde trabaja?
4 ¿Qué hace allí?
5 ¿Quién es el chico?
6 ¿El chico trabaja en el hotel?
7 ¿Qué hace allí?
8 ¿Adónde va ahora?
9 ¿Va en coche?

B *el, la + está* § 45a

¿**El** o **la**?
1 El señor está en la frontera.
2 . . . maleta . . . también allí.
3 . . . cámara fotográfica . . . también allí.
4 . . . bolso . . . en . . . maleta.
5 . . . camisa . . . en . . . bolso.

C -**ar** verbs: 1st and 3rd singular § 46

Construya diálogos como el ejemplo. Mire los dibujos.
Make up dialogues as in no. 1, referring to the drawings.

1 A ¿Qué busca usted?
  B Busco **la revista**. ¿Dónde está?
  A Está en **el bolso**.
  B No, allí no está.

2
3
4
5

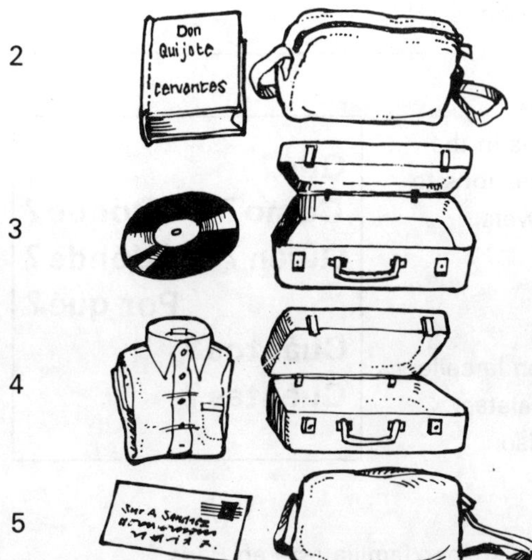

D *¿por qué? – porque* § 42 *voy – vas* § 76

Lines 1–19

Construya diálogos como el ejemplo.
Make up dialogues as in no. 1.

1 A Mañana voy a **Toledo**.
B ¿A **Toledo**? ¿Por qué?
A Porque **Carlos** está allí.
B ¿Cómo vas? ¿En **tren**?
A No, voy en **coche**.

Toledo – Carlos

Use *tren, coche, avión* and *autobús*, as you like.

2 Sevilla – Ana
3 Barcelona – José
4 Madrid – Carmen
5 Burgos – María

E 3rd singular of *-ar* verbs § 46, *es, va* §§ 76, 86

Lines 1–22

Charlas sobre María y Carlos.
Talking about María and Carlos.

Work in pairs if possible. Tell your partner all you can about Maria and listen to what he/she tells you about Carlos. Correct each other's mistakes, if any. Repeat until you can speak correctly from memory, then write out what you have said.

F asking questions § 42

Haga preguntas.
Using the words in the box, supply questions to fit these 8 answers.

Qué?
Cómo? **Dónde?**
Quién? **Adónde?**
Por qué?
Cuántos?
Cuántas?

1 Es una calle.
2 Es María.
3 María está en la calle.
4 Lleva *dos* maletas.
5 Lleva *un* bolso.
6 Va a París.
7 Va en tren.
8 Va allí porque su/her/familia está en París.

6 Postales y sellos

A numbers 1–10 § 16

Lines 1–6
Construya diálogos como el ejemplo.
Make up dialogues as in no. 1.

1 A ¿Qué es esto?
B Es un cuadro de **Velázquez**.
A ¿Cuánto cuesta?
B **Siete** pesetas.
A Tenga **diez**.
B Tenga la vuelta: . . . **ocho, nueve, diez.**
Velázquez – 7 – 10
2 Goya – 6 – 10
3 Miró – 5 – 10
4 Picasso – 8 – 10

B numbers 1–14 § 16

Lines 1–12

Construya diálogos como el ejemplo.
Make up dialogues as in no. 1, addressing *señor, señora* or *señorita*.

1 A ¿Qué iglesia es?
B Es la catedral de **Burgos**.
A ¿Cuánto cuesta?
B **Trece** pesetas.
A ¿Cuánto? ¿**Tres**?
B **Trece, señor, trece.**

Burgos – 13 – 3 – 13

2 Salamanca – 12 – 2 – 12
3 Sevilla – 14 – 4 – 14

C numbers 10–20 § 16

Lines 1–17
Trabaje como en **B**.
Work as in **Ex. B**.

1 A ¿Quién es?
B **Paco Camino.** Once pesetas.
A Tenga **quince**.
B Gracias. Tenga la vuelta:
doce, trece, catorce, quince.

Paco Camino – 11 – 15

2 El Cordobés – 16 – 20
3 El Viti – 17 – 20

D numbers 1–20 § 16

Lines 1–20

Trabaje como en **C**.
Work as in **Ex. C**.

a A Deme **dos** sellos de **seis** pesetas, por favor.
B Tenga. Son **doce** pesetas.

2 – 6 – 12

b 3 – 5 – 15
c 4 – 3 – 12
d 5 – 4 – 20
e 6 – 3 – 18
f 2 – 8 – 16

7 En casa de Mari Carmen

A Mire el dibujo en el libro de texto. Conteste a las preguntas.
Answer the questions referring to the drawing on p. 14 of the Student's Book.

Lines 1–7

1 ¿Dónde están María y Mari Carmen?
2 ¿Qué hay en la cocina?
3 ¿Qué hay en la mesa?
4 ¿Qué toman las chicas?
5 ¿Quiénes entran?
6 ¿Dónde trabaja el padre de Mari Carmen?
7 ¿Qué exporta la empresa?
8 ¿La madre trabaja también allí?
9 ¿Por qué no trabajan hoy los padres?

B *los, las* § 1

Anagramas.
Spell the jumbled words correctly.

1 las smase
2 las lialss
3 los robsil
4 los ebras
5 los sohecc
6 los loseeth

C *los, las* § 1b

Mire el dibujo. Pregunte y conteste como en el ejemplo.
Referring to the drawing, form questions and answers as in no. 1.

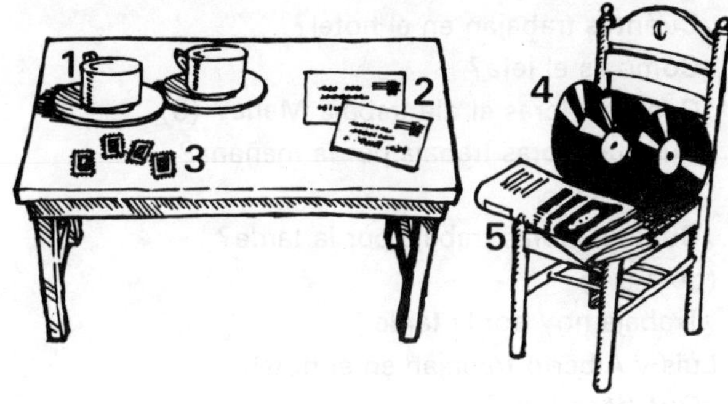

1 A Busco **las tazas**. ¿Dónde están?
B **Las tazas** están en **la mesa**.

D *ustedes van – vamos* § 76
adjectives in *-o/-a* § 7a

Lines 1–18

Construya diálogos como el ejemplo.
Make up dialogues as in no. 1.

1 A ¿Adónde van ustedes?
B Vamos **al bar de la calle de Solana**.
A ¿En **la calle de Solana hay un bar**?
B Sí, es **nuevo**.

2 el banco de la calle de Solana
3 la farmacia de la calle de Cervantes
4 la biblioteca de la plaza de Colón
5 el cine de la calle de Goya
6 la iglesia de la calle de Ribera

E Juego para grupos de 6 a 8 jugadores.
Game for groups of 6 to 8 players.

A "En mi casa hay una maleta."
B "En mi casa hay una maleta y dos libros."
C "En mi casa hay una maleta, dos libros y tres revistas."

The remaining players in turn add a further set of objects up to a total of 6 or 8; a player who makes a mistake is out.

Mari Carmen busca trabajo

Lines 1–39

A Conteste a las preguntas.
Answer the questions.

1 ¿Cuántos trabajan en el hotel?
2 ¿Cómo es el jefe?
3 ¿Cuántas horas al día trabaja María? (8)
4 ¿Cuántas horas trabaja por la mañana? (de 8 a 1)
5 ¿Cuántas horas trabaja por la tarde? (de 4 a 7)
6 ¿Trabaja hoy por la tarde?
7 Luis y Alberto trabajan en el hotel. ¿Qué hace Luis?
8 ¿Cómo es Luis?
9 Y Alberto, ¿qué hace?
10 El hotel Continental busca chicas. ¿Por qué no busca Mari Carmen trabajo allí?

B 3rd singular of *-ar* verbs § 46
por la mañana, por la tarde, numbers

Lines 1–29

Pregunte y conteste como en el ejemplo.
Form questions and answers as in no. 1.

1 A ¿Cuántas horas trabaja **Jaime**?
B Por la mañana trabaja de **8** a **12** y por la tarde de **4** a **7**.

Jaime, 8–12, 4–7

2 José, 9–12, 3–7
3 Carmen, 8–11, 6–9
4 Luis, 9–2, 3–6

C 1st and 2nd plural of *-ar* verbs § 46

Trabaje como en **B**.
Work as in **Ex. B**.

a A ¿Cuántas horas trabajáis al día?
B **7**. Por la mañana trabajamos **3** horas y por la tarde **4**.

7 – 3 + 4

b 8 – 4 + 4
c 9 – 3 + 6
d 6 – 1 + 5

D* *-ar* verbs § 46

Trabaje como en **C**.
Work as in **Ex. C**.

1 A ¿Cuánto gana **Carmen**?
B Con las pagas gana **seis mil** pesetas al mes.

Carmen – 6 000

2 Juan – 9 000
3 (tú) – 10 000
4 (Juan y tú) – 12 000

The words in brackets may be omitted when the person of the verb which they indicate is supplied.

E Rellene con formas de *trabajar*.
Complete with the correct form of *trabajar*.

(El señor Gómez, Antonia y Cristina están en la calle:)

El señor Gómez	Hola, chicas, ¿dónde . . . ahora?
Antonia	Cristina y yo . . . en el hotel Goya.
El señor Gómez	Tú, Antonia, . . . mucho, ¿no?
Antonia	Sí, señor, y usted, ¿dónde . . . ahora?
El señor Gómez	. . . en el banco de Santander.
Antonia	Allí . . . también Carlos y Jaime, ¿no?
El señor Gómez	Sí, . . . también en el banco.
	Jaime . . . en la recepción.

---

8 En las Ramblas

A – C numbers 1–90 § 16

A *tengo – tienes* § 87

Construya diálogos como el ejemplo.
Make up dialogues as in no. 1.

a A ¿Tienes dinero?
B Sí, tengo **veinte** pesetas.
A ¿No tienes más?
B Sí, aquí tengo **veintidós** pesetas más.

20 – 22

b 30 – 24
c 40 – 25
d 50 – 26
e 60 – 27
f 70 – 28
g 80 – 29

dinero money

B* *deme* § 65b
son § 44b

Pregunte y conteste como en el ejemplo.
Form questions and answers as in *a*.

a A Deme **dos** números, por favor.
B Son **diez** pesetas.

2 – 10

b 3 – 15 *e* 6 – 30
c 4 – 20 *f* 7 – 35
d 5 – 25

C *tiene* to express age § 87

Trabaje como en **A**.
Work as in **Ex. A**.

a A A ver si adivinas cuántos años tiene mi padre . . .
B No sé . . . ¿**treinta**?
A Más . . .
B ¿**Cuarenta**?
A Menos . . .
B ¿**Treinta y cinco**?
A Eso es, treinta y cinco.

30 – 40 – 35

b 60 – 70 – 65 *d* 70 – 80 – 75
c 80 – 90 – 85 *e* 50 – 60 – 55

9 En la calle de la Cruz

Lines 1–9

A Conteste a las preguntas.
Answer the questions.

1 ¿Dónde está la calle de la Cruz?
2 Allí hay un estanco. ¿De quién es?
3 ¿Qué hay delante del estanco?
4 ¿Qué hay a la derecha del estanco?
5 ¿Y a la izquierda?
6 ¿Qué hay a la izquierda de la farmacia?
7 ¿Qué hay delante de la farmacia?
8 ¿De quién es el coche?
9 ¿Dónde trabaja el señor Sotelo?
10 ¿Qué hay delante del bar?
11 ¿De quién es la moto?
12 ¿Dónde está Paco?

B *el, la, del, de la* and *está* § 45a

Mire el dibujo en la página 16 –17. Pregunte y conteste como en el ejemplo.
Referring to the illustration on pp. 16–17 of the Student's Book, form questions and answers as in no. 1.

1 A ¿Dónde está el buzón?
B El buzón está delante del estanco.

buzón

2 bar
3 tienda de bolsos y maletas
4 coche
5 moto

C *de, de la, del* § 5
el and *la* with titles § 3a

Construya frases como el ejemplo.
Form sentences as in no. 1.

1 **Aquí están las camisas del mecánico.**

camisas – mecánico

2 camisas – padre de Antonia
3 maleta – madre de Antonia
4 estanco – señora Valera
5 bolsos – Carmen
6 coche – señor Sotelo

D possession § 5

Pregunte y conteste como el ejemplo.
Form questions and answers as in no. 1.

1 A ¿De quién es **la bicicleta**?
B Es de **Carlos**.

bicicleta – Carlos

2 moto – Paco
3 coche – señor Sotelo
4 estanco – señora Valera
5 maleta – chicas
6 cámara fotográfica – chicos

El estanco

Lines 1–14

Conteste a las preguntas.
Answer the questions.

1 El señor Sotelo entra en el estanco. ¿Por qué?
2 ¿Qué hay en el estanco?
3 ¿Dónde están los cigarrillos y las pipas?
4 ¿Qué hay a la izquierda?

E shopping

Lines 1–20

Construya diálogos como el ejemplo.
Make up dialogues as in no. 1, using *señor, señora* or *señorita*.

1 A Buenos días, señor, ¿qué desea?
B Deme **un bolígrafo**, por favor.
A Muy bien, ¿algo más?
B Sí, necesito también **dos sellos**.

un bolígrafo – dos sellos

2 un paquete de 46 – una caja de cerillas
3 una postal – un sello
4 un paquete de Ducados – un sello
5 dos postales – un bolígrafo

F – I *este, esta, estos, estas* § 33

Lines 1–34

F Construya diálogos como el ejemplo.
Make up dialogues as in no. 1.

1 A Allí hay **una postal** . . .
B ¿Esta?
A Sí, ¿cuánto cuesta?
B **Ocho pesetas.**

una postal – 8

2 una pipa – 90
3 un bolígrafo grande – 25
4 un bolígrafo pequeño – 15
5 dos postales – 10
6 dos bolígrafos grandes – 30

G – H possession § 5, *este, esta, estos, estas* § 33

G Trabaje como en **F**.
Work as in **Ex. F**.

1 A ¿De quién es **el disco**?
B ¿Este?
A Sí.
B Es de **Carlos**.
disco – Carlos

2 bolígrafo – Paco

3 pipa – el señor Sotelo

4 A ¿De quién son **los discos**?
B ¿Estos?
A Sí.
B Son de **Carlos**.
discos – Carlos

5 cigarrillos – la señora Valera

6 cerillas – el padre de José.

H* Trabaje como en **G**.
Work as in **Ex. G**.

1 A ¿De quién son **los periódicos**?
B ¿Estos?
A Sí.
B Son **del señor Sotelo**.

periódicos – el señor Sotelo

2 cerillas – María
3 bicicleta – Carlos
4 coche – el señor Sotelo
5 libros – la madre de Mari Carmen

I Rellene con las formas correctas.
Supply the correct endings.

1 est . . . libro
2 est . . . pipas
3 est . . . coche
4 est . . . bolígrafos
5 est . . . revista
6 est . . . moto

J Ampliación.
Sentence building.

Working in groups if possible, build up sentences using only words and constructions already learnt (no dictionaries allowed).

e.g. Starting word: *camisa*

esta camisa/esta camisa blanca/esta camisa blanca que está en la maleta/esta camisa blanca que está en la maleta es de un chico/esta camisa blanca que está en la maleta es de un chico muy simpático.

Other suggested starting words: *bicicleta, bolso, coche, disco, moto*, etc.

10 El bar Granada

A Mire el dibujo en el libro de texto y conteste a las preguntas.
Referring to the illustration on pp. 18–19 of the Student's Book, answer the questions.

Lines 1–11

1 ¿Cómo es el bar Granada?
2 ¿Cuántas mesas hay allí?
3 ¿Cómo es la barra?
4 ¿Qué hay en el centro de la barra?
5 ¿Dónde está la cafetera?
6 ¿Cuántos taburetes hay en el bar?
7 ¿Dónde están?
8 ¿Cómo son?
9 ¿Dónde está el camarero?
10 ¿Qué hace?

11 ¿Dónde está la bandeja del camarero?
12 ¿Qué hay en la bandeja?
13 ¿Dónde está el barman?
14 ¿Qué hace?
15 Qué hay encima de la radio?

Lines 12–24

16 En una mesa hay dos chicas y un chico.
¿Cómo son las chicas? ¿Cómo es el chico?
17 ¿Dónde trabajan las chicas?
18 ¿El chico también trabaja allí? ¿Qué hace?
19 Hay también un señor en el bar. ¿Dónde está?
20 ¿El señor trabaja en el bar? ¿Dónde trabaja?
21 ¿Por qué está en el bar?
22 ¿Fuma un cigarrillo?
23 ¿Tiene una revista?
24 ¿Quién entra en el bar?
25 La señora mira la lista de precios. ¿Dónde está la lista?

B – D position and agreement of adjectives § 7a, 9a

B Construya frases como en el ejemplo.
Make sentences as in no. 1.

1 Aquí hay una taza. (pequeño)
Es una taza pequeña.
2 Aquí hay una bandeja. (pequeño)
3 Aquí hay una barra. (largo)
4 Aquí hay un disco. (pequeño)
5 Aquí hay una bandeja. (grande)
6 Aquí hay un vaso. (barato)

C *unas tazas, unos vasos* § 1b
muy + adjectives § 15a

Trabaje como en **B**.
Work as in **Ex. B**.

1 Allí hay dos tazas. (pequeño)
Son unas tazas muy pequeñas.
2 Allí hay dos vasos. (barato)
3 . . . dos maletas (caro)
4 . . . dos bolsos (grande)
5 . . . dos bolígrafos (pequeño)

D Rellene con las formas correctas. Trabaje como en **C**.
Complete with the correct form of the adjectives as in no. 1.

1 El señor . . . (moreno – simpático)
El señor moreno es muy simpático.
2 La señora . . . (rubio – exigente)
3 El bolígrafo . . . (negro – caro)
4 La maleta . . . (blanco – barato)
5 Las tazas . . . (grande – caro)
6 Los discos . . . (pequeño – barato)
7 La mesa (nuevo – largo)

E price list; revision of numbers § 16

Mire la lista de precios en el libro de texto. Pregunte y conteste.
Referring to the price list on p. 19, form questions and answers.

A ¿Cuánto cuesta el café con leche?
B Doce pesetas.

Continue, working in pairs.

F price list

Lines 1–30

Construya diálogos como el ejemplo.
Make up dialogues as in no. 1, addressing *Señor, señora* or *señorita*.

1 A ¿Desea tomar algo?
B Sí, **un refresco**.
A ¿**Una naranjada**?
B No, **la naranjada** no me gusta.
Deme **una coca-cola**, por favor.
A En seguida, **señora**.

2 A ¿. . .?
B . . . un café.
A ¿Un expreso?
B . . . el expreso . . .
. . . un cortado, . . .
A . . .

3 refresco
limonada
limonada
naranjada

4 bocadillo
bocadillo de queso
queso
bocadillo de jamón

5 bocadillo
bocadillo de tortilla
tortilla
bocadillo de queso

El desayuno

A Conteste a las preguntas.
Answer the questions.

1 ¿Qué toman Cristina y Antonia?
2 ¿Qué toma Pablo?
3 ¿Pablo desayuna a veces en casa?
4 Y las chicas, ¿desayunan siempre en el bar?
5 ¿Por qué desayunan en el bar?

B *no . . . nunca* § 99b
revision: present of *ir* § 76

Conteste a las preguntas como en el ejemplo.
Answer the questions as in no. 1.

1 A ¿Vas en tren o en avión?
B En tren. No voy nunca en avión.

2 ¿Va usted en avión o en barco?
3 ¿Carlos va en autobús o en tren?
4 ¿Vais en coche o en autobús?
5 ¿Las chicas van a pie o en coche?
6 ¿Van ustedes en tren o en barco?

C *me gusta* § 97a

Pregunte y conteste como en el ejemplo.
Form questions and answers as in no. 1.

1 A ¿Qué desayunas? **¿Café**?
B No, el café no me gusta. Me gusta más **el té**.

café – té

2 té – chocolate
3 chocolate – café con leche
4 café con leche – cortado
5 cortado – expreso
6 jamón – queso

Empiezo a las nueve

A – C *empezar* § 49a
¿a qué hora? + time § 18a

A Mire el horario. Construya diálogos como el ejemplo.
Referring to the time-table below, make up dialogues as in no. 1.

1 A ¿A qué hora empieza **Carlos** hoy?
B A **las ocho**.
A ¿Y mañana?
B Mañana empieza a **las diez**.

	hoy	*mañana*
1 Carlos	8:00	10:00
2 el camarero	6:00	12:00
3 el barman	16:00	13:00
4 la cocinera	10:00	11:00

B Trabaje como en **A**.
Work as in **Ex. A**.

1 A **Luis**, ¿a qué hora empiezas hoy?
B A **las siete y media**.
A ¿Y mañana?
B Mañana empiezo a **las diez y media**.

	hoy	*mañana*
1 Luis (tú)	7:30	10:30
2 Jaime (tú)	9:30	11:30
3 María (tú)	6:30	13:30

C Trabaje como en **B**.
Work as in **Ex. B**.

1 A **Señores**, ¿á qué hora empiezan ustedes hoy?
B A **las ocho menos cuarto**.
A ¿Y mañana?
B Mañana empezamos a **las nueve y cuarto**.

	hoy	*mañana*
1 Señores (Uds.)	7:45	9:15
2 Señoras (Uds.)	6:45	10:15
3 Señoritas (Uds.)	9:45	13:30

D *cerrar* § 49a
clock + *de la tarde, de la noche, de la mañana* § 18a

Pregunte y conteste como en el ejemplo.
Form questions and answers as in no. 1.
(Divide the 24 hours as shown below.)

01:00 — 12:00 — 20:00 — 01:00
la mañana — la tarde — la noche

1 A ¿A qué hora cierra **el banco**?
B **A las tres de la tarde.**

banco – 15:00

2 estanco – 19:30
3 restaurante – 23:00
4 oficina – 13:15
5 bar – 02:30
6 farmacia – 20:45
7 biblioteca – 11:00
8 tienda – 10:30

11 Un jersey azul

A *encontrar* § 49b
si – sí

Pregunte y conteste como en el ejemplo.
Form questions and answers as in no. 1.

1 A ¿Compras un jersey?
B **Si encuentro un jersey bonito, sí.**

2 ¿Usted compra una falda?
3 ¿Ustedes compran una camisa?
4 ¿Ana compra una blusa?
5 ¿Compráis un bolso?
6 ¿Carlos y Luis compran una maleta?

B *almorzar* § 49b

Pregunte a las personas como en el ejemplo.
Using the persons and place names given below, form questions and answers as in no. 1.

1 A **Carlos**, ¿dónde almuerzas hoy?
B Hoy almuerzo en el **bar**.
Carlos (tú) — bar

2 Luisa (tú) — oficina
3 señora Gómez (usted) — en casa
4 Luis y Pedro (vosotros) — fábrica

C numbers 100 – 1 000 § 16

Lines 1–12

Lea.
Read aloud.

a	100	*h*	100 bolsos
b	200	*i*	100 pesetas
c	250	*j*	200 discos
d	275	*k*	500 pesetas
e	500	*l*	700 coches
f	700	*m*	900 pesetas
g	900	*n*	1 000 pesetas

D Lea.
Read aloud.

a	99 libros	*e*	555 blusas
b	150 discos	*f*	777 discos
c	190 camisas	*g*	999 pesetas
d	777 faldas		

E – F adjectives of colour § 7a

E *te gusta* § 97a
numbers § 16

Pregunte y conteste como en el ejemplo.
Form questions and answers as in no. 1.

1 A ¿Te gusta **la camisa blanca**?
B Sí, y no es muy cara.
Cuesta **doscientas pesetas**.

camisa – (blanco) – 200 ptas.

2 blusa – (azul) – 300 ptas.
3 jersey – (rojo) – 600 ptas.
4 falda – (amarillo) – 700 ptas.

F numbers § 16

Construya diálogos como el ejemplo.
Make up dialogues as in no. 1.

1 A ¿Cuánto cuesta **el jersey azul**?
B **Ochocientas** pesetas.
A ¿Y **el jersey rojo**?
B **Setecientas cincuenta** pesetas.

jersey azul – 800 ptas.
jersey rojo – 750 ptas.

2 falda blanca – 550 ptas.
falda azul – 470 ptas.

3 blusa rojo – 170 ptas.
blusa amarilla – 190 ptas.

G revision: present of *-ar* verbs § 46, 49a + b, *ir* § 76

Rellene con las formas correctas de los verbos a la derecha.
Rewrite in full, supplying in each case the correct form of the relevant verb on the right.

1	Ana y María . . . en una farmacia.	(trabajar)
2	Siempre . . . en casa.	(desayunar)
3	. . . café con leche y un bocadillo.	(tomar)
4	Las dos . . . el trabajo a las 8:30.	(empezar)
5	La farmacia . . . a las 2 de la tarde,	(cerrar)
6	y las chicas casi siempre . . . en un bar,	(almorzar)
7	pero los domingos . . . en casa.	(almorzar)
8	. . . el trabajo otra vez a las 4.	(empezar)
9	No . . . nunca en autobús, . . . a pie.	(ir)
10	Ahora . . . a la farmacia.	(ir)
11	Hoy . . . una tienda nueva.	(encontrar)
12	. . . allí.	(entrar)

H revision: formation of questions § 42

Using the interrogative expressions below and the *vosotros* form of the verbs, ask Ana and María questions to which nos. 1–10 in **Ex. G** can be the answers.

1 ¿Dónde . . .?
2 ¿Dónde . . .?
3 ¿Qué . . .?
4 ¿A qué hora . . .?
5 ¿A qué hora . . .?
6 ¿Dónde . . .?
7 ¿Dónde . . .?
8 ¿A qué hora . . .?
9 ¿Cómo . . .?
10 ¿Adónde . . .?

I Find the missing words. The initial letters of these spell the name of a famous Spanish town.

1 Compro pipas en una . . .
2 Badajoz está en el . . . de España.
3 ¿Toma usted té con limón o con . . .?
4 El . . . es un río del noreste de España.
5 El bar está a la . . . del estanco.
6 Este jersey cuesta . . . pesetas.

12 Una llamada telefónica

A Conteste a las preguntas.
Answer the questions.

1 ¿Dónde está el señor García?
2 ¿Con quién está allí?
3 ¿Adónde desea llamar?
4 ¿Adónde va?
5 ¿Qué hace allí?
6 ¿Cuánto cuesta una ficha? (3)
7 ¿Dónde está el teléfono?
8 ¿Quién contesta?
9 ¿Está en casa la señora?
10 ¿El señor García almuerza en casa hoy?
11 ¿Está lejos de la Casa Barata?
12 ¿Qué hay en la Casa Barata esta semana?
13 ¿Qué necesitan los niños?

B* *te gusta – te gustan* § 97
revision: *este* § 33

Mire la página 21 del libro de têxto. Pregunte y conteste como en los ejemplos 1 y 2.
Referring to any of the garments advertised on p. 21 of the Student's Book, form questions and answers as in nos. 1 and 2.

1 A ¿Te gusta esta camisa?
B Sí, y no cuesta más que 155 ptas.

2 A ¿Te gustan estos pantalones?
B Sí, y no cuestan más que 200 ptas.

13 Viajantes

Lines 1–17

A Conteste a las preguntas.
Answer the questions.

1 ¿Qué profesión (*job*) tiene Ramón Martí?
2 ¿Cuántos años tiene? (33)
3 ¿Para qué empresa trabaja?
4 ¿Qué vende?
5 ¿Por qué viaja mucho?
6 ¿Dónde está hoy?
7 ¿Qué es Santa Fe?
8 ¿Por dónde pasea?
9 ¿Qué lleva?
10 Entra en un bar. ¿Qué desea hacer?
11 ¿Por qué desea beber?
12 ¿Por qué desea comer?
13 En una mesa hay dos chicos. ¿Qué hacen?
14 Y el señor de la mesa grande, ¿qué hace?
15 ¿Quién es?
16 ¿Cuántos años tiene? (35)
17 ¿De dónde es?
18 ¿Qué vende?
10 ¿Trabaja para la misma empresa que el señor Martí?

Lines 1–28

B Rellene con las formas de *estar*.
Complete with the correct forms of *estar*.

Juan y María . . . en un bar. Entra un buen amigo, Luis.

Luis ¿No . . . en Barcelona?
Juan y María No, . . . aquí unos días. . . . en el Gran Hotel.
Luis ¿Y los niños también . . . aquí?
Juan No, . . . en casa con la criada. Y tú, ¿por qué . . . en Santa Fe?
Luis . . . aquí porque busco trabajo.

C subject pronouns § 23

Lines 1–33

Mire el dibujo en la página 10 del libro de texto. Trabaje como en el ejemplo.
Using any of the places in the illustration on pp. 10–11 of the Student's Book, form questions and answers as in no. 1.

1 A Ahora voy **al cine**, ¿y **tú**?
B **Yo** voy **a la farmacia**.
2 ¿y la señora?
3 ¿y él señor?
4 ¿y usted?
5 ¿y vosotros?
6 ¿y los chicos
7 ¿y ustedes?
8 ¿y las chicas?

D – E *comer* § 47

D Pregunte y conteste como en el ejemplo.
Form questions and answers as in no. 1.

1 A ¿Qué come **Andrés** por la mañana?
B Come **pan con mermelada**.
A ¿Y por la tarde?
B Come **unos churros**.

	por la mañana	*por la tarde*
1 Andrés	pan con mermelada	unos churros
2 Felipe	un bocadillo de queso	una tostada
3 Ana y Cristina	unos bocadillos de jamón	unos churros
4 los Gómez	pan con mantequilla	un bocadillo
5 el señor Martí	dos churros	un bocadillo

E Pregunte a las personas como en el ejemplo. Conteste como en **D**.
Using the persons given below and the foods listed in **Ex. D**, work as in no. 1.

1 A **Andrés**, ¿comes algo por la mañana?
B Sí, como **pan con mermelada**.
A ¿Y por la tarde?
B Como **unos churros**.

Andrés (tú)

2 Felipe (tú)
3 Ana y Cristina (vosotras)
4 Señores (ustedes)
5 Señor (usted)

F Basing your account on the following outline, say what you know about Juan Moliner.

viajante – Barcelona – ropa – el señor Martí – la señora Moliner – los niños – el Gran Hotel Santa Fe – restaurante – bueno

G *no . . . nada* § 36

Construya diálogos como el ejemplo.
Make up dialogues as in no. 1.

Lines 1–9, p. 23

1 A Por la mañana tomo **leche**.
B ¿No tomas nada más?
A No, sólo **leche**.

2 A Por la noche el señor Martí toma té.
B . . .
A . . .

3 A Por la tarde Ana y yo comemos un churro.
B . . .
A . . .

4 A Por la mañana quiero leche.
B . . .
A . . .

H *algo – no . . . nada* § 36

Construya diálogos como el ejemplo.
Make up dialogues as in no. 1, addressing *señor, señora* or *señorita*.

1 *Camarero* ¿Qué desea usted, señor?
B Deme **una cerveza grande**, por favor.
Camarero Muy bien, ¿algo más?
B No, no quiero nada más. Está bien, gracias.

cerveza grande

2 coca-cola
3 café con leche

I* Mire la lista de hoteles en la página 23 del libro de texto.
Elija entre los hoteles que están allí. Pregunte y conteste.
Choose a hotel from the list on p. 23 of the Student's Book and answer the following questions about it.

1 A ¿En qué hotel estás?
B . . .
2 A ¿Dónde está?
B . . .
3 A ¿Cuánto pagas?
B . . .
4 A ¿Comes en el hotel/la pensión/?
B . . .
5 A ¿Te gusta el hotel/la pensión/la habitación/?
B . . .
6 A ¿Por qué?
B Porque . . .

Any of the following could be used in answering no. 6:
es muy caro/barato
está lejos del centro/cerca del centro
el bar/el restaurante – bueno/no bueno

Listening test

Listen to the tape recording and answer these questions.

1 ¿Estamos en un bar o en un restaurante?
2 ¿El señor tiene hambre o tiene sed?
3 ¿El señor toma una naranjada o una limonada?
4 ¿Cuánto paga? ¿15 ó 20 ptas.?
5 Entra una señora. ¿Tiene hambre o tiene sed?
6 ¿Toma un bocadillo de queso o un bocadillo de jamón?
7 ¿Cuánto paga? ¿35 ó 50 ptas.?

Ejercicios de repaso

Lecciones 1-13

A Conteste usted a las preguntas.

1 ¿Qué montañas hay entre Francia y España?
2 ¿Dónde está Barcelona?
3 ¿Qué exporta España?
4 ¿Qué ciudades hay en el sur de España?
5 ¿Dónde trabaja un camarero?
6 ¿Qué es "Blanco y Negro"?
7 ¿Qué son Ducados?
8 ¿A qué hora desayuna usted?
9 ¿Dónde estudia usted? ¿Cómo va usted allí?
10 ¿Cuánto cuesta el almuerzo en el instituto donde estudia usted?

(1p = *un penique*; 10p = *diez peniques*)

B ¡El gordo para hoy! Unos números de . . . .
(The number of dots corresponds to the number of letters in each word.)

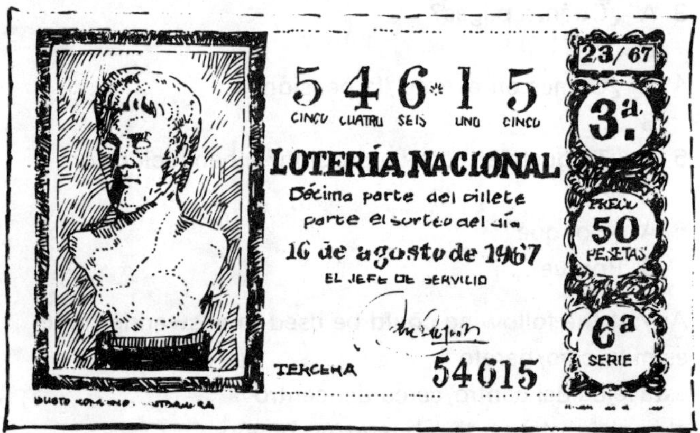

1 En la Calle de la Cruz (Lección 9), la farmacia está al . . . . del estanco.
2 Una de las chicas es morena, la . . . . es rubia.
3 El señor García necesita un . . . . . nuevo; va a la Casa Barata.
4 El señor Sotelo . . . . . en el estanco porque desea comprar cigarrillos.
5 Los calcetines son baratos porque esta semana hay . . . .
6 La catedral de Burgos es una . . . .
7 No voy a Toledo en tren, voy en . . . .

C Find from *Section B* the correct endings to the sentences in *Section A*.

Section A	*Section B*
No quiere nada más	empezáis en la oficina?
Oye, Juan,	deme una cerveza.
Los señores	seis, tres chicos, dos chicas y yo.
Vosotros, ¿a qué hora	¿estás en el hotel?
¿Van	este señor.
Oiga Luis,	ustedes a casa a almorzar?
Necesito una chaqueta, a ver si	desayunan café y pan.
Somos	encuentro una aquí.

D Situaciones

a En las Ramblas

You are a tourist. Ask for the ABC; when the stallholder says there are none because it's Monday, ask for the *Hoja del Lunes* (a newsheet published in Spain on Mondays instead of newspapers), saying that it costs 6 pesetas, doesn't it? When the stallholder tells you it costs 8 pesetas, give 10 pesetas and thank him for the change.

Turista . . .
Vendedor No hay, hoy es lunes.
Turista . . .
Vendedor No señor, (señora, señorita), son ocho.
Turista . . .
Vendedor Gracias, tenga la vuelta, nueve y diez.
Turista . . .

b En la Plaza de la Cibeles

You are a tourist. Ask a policeman how to get to the Estadio de Bernabeu (football stadium). When he replies, ask where the bus stop is; finally ask when the next (*próximo, -a*) bus comes (*pasar*).

Turista ¿. . .?
Guardia Tome usted el autobús número catorce.
Turista ¿. . .?
Guardia Allí en el Paseo del Prado.
Turista ¿. . .?
Guardia Dentro de diez o doce minutos.

E

Carmen y María, ¿qué bebéis?
Bebemos café.

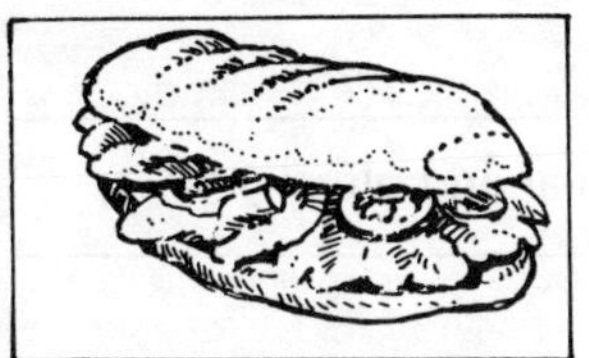

Sra Molina, ¿qué desayuna usted?

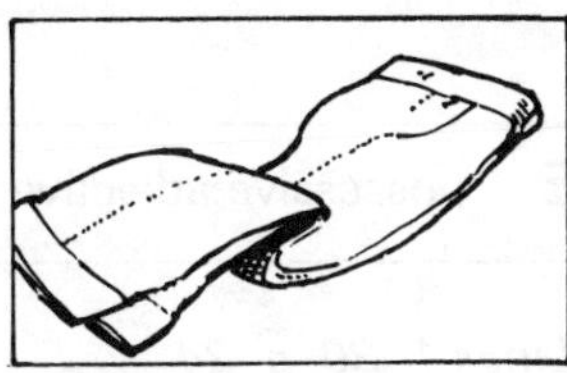

Chicas, ¿que lleváis en el instituto?

Señores, ¿que periódico leen ustedes?

Federico, ¿cómo vas al bar?

Pedro, ¿dónde trabaja usted?

F **De Compras**

Write a short story based on the following outline and your answers.

Conchita pasea por la calle.
¿qué calle?
¿a qué hora?
¿con quién?
Los dos amigos (las dos amigas) entran en las Galerías Modernas (unos grandes almacenes).
¿Qué encuentran allí – cámaras, discos, bolsos, libros, etc?
¿Qué compran, y a qué precio?
Los amigos (las amigas) tienen hambre y sed.
¿Dónde entran? ¿Qué comen y beben?
¿Quién entra mientras están allí?
¿De qué hablan?
¿Cuándo vuelven a casa?

G

Supply figures of your own to show Pablo's expenditure during a stay in Granada. Read the items in Spanish to your partner who will write the expenses in figures, add them up and give you the total in Spanish. Repeat the procedure reversing the roles.

	Ptas.
Habitación en el hotel o la pensión (2 días)	
Cenas (2)	
Desayunos (2)	
Almuerzo (1)	
Disco para una amiga	
Total	

H

Using the letters of CALCETINES PARA NIÑOS and the clues below, find 21 words which have occurred in Lessons 1–13 (number of letters shown in brackets). Accents may be added where necessary. See Grammar § 92.

1 y 2 El padre es un – (5) y la madre es una – (6).
3 Donde vive la familia (4).
4 En España se come en el desayuno, el almuerzo y la cena (3).
5 Se bebe con limón o leche (2).
6 Se venden a los turistas (8).
7 Aquí se compra tabaco (7).
8 Marca de coche (4).
9 y 10 Señora que prepara almuerzos y cenas (8) y el sitio (place) donde trabaja ella (6).
11 Mallorca es una – (4).
12 España es un – (4).
13 El buzón es para – (6).
14 Una empresa textil vende esto (4).
15, 16 y 17 Burgos esta en el – (5), Valencia en el – (4) y Badajoz en el – (4) de España.
18 Montevideo es la – de Uruguay (7).
19 Cincuenta y dos semanas (3).
20 Hay uno nuevo en la calle Solana (4).
21 Aquí hay habitaciones, desayunos, almuerzos y cenas (7).

14 Los chicos de Masnou

A Conteste a las preguntas.
Answer the questions.

Lines 1–12

1 ¿Dónde está Masnou?
2 ¿Dónde viven Carlos y Luis?
3 ¿Cuántos años tiene Carlos? (15)
4 ¿Y Luis? (13)
5 ¿Quién es Beatriz?
6 ¿Cuántos años tiene ella? (7)
7 ¿Qué hace Beatriz?
8 ¿Qué estudian los dos hermanos?
9 ¿Dónde?
10 ¿Almuerzan en el colegio?
11 ¿Qué hacen a mediodía cuando están en casa?

B clock § 18b

Lines 1–18

¿Qué hora es?

1

2

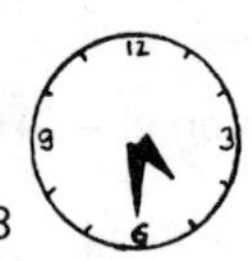
3

4

5

6

7

8

C – D *tener* § 87
days of the week § 3d

C Mire el horario de Luis en el libro de texto. Conteste a las preguntas.
Referring to the time-table on p. 25 of the Student's Book, form questions and answers as shown about each day.

A ¿Cuántas horas de clase tiene Luis el lunes?
B El lunes tiene seis horas de clase.

D Draw up your own school time-table.
The following notes may be useful:

biology, chemistry, physics can be expressed as *ciencias*. English *inglés*; German *alemán*; Spanish *español*; history *historia* (*geografía* includes history on the Spanish time-table); games *deportes*; home economics *hogar*.

E possessive adjectives, singular and plural § 40

Lines 1–30, p. 24

mi – tu, mis – tus

Pregunte y conteste como en el ejemplo.
Form questions and answers as in nos. 1, 6 and 11.

1 A ¿Dónde está **mi libro**?
B ¿Tu libro? No sé dónde está.

libro

2 pipa
3 bolígrafo
4 cigarrillos
5 revistas

nuestro – vuestro (singular and plural)

6 A ¿Dónde está **nuestra bicicleta**?
B ¿Vuestra bicicleta? No sé dónde está.

bicicleta

7 revista
8 periódico
9 revistas
10 discos

su – sus = your

11 A ¿Dónde está **su coche**?
B ¿Mi coche? Está en **la plaza de Colón**.

coche – plaza de Colón

12 bicicleta – calle de Goya
13 hermano – en casa
14 niños – el colegio
15 maletas – el tren

su – sus = his

Use the vocabulary in nos. 11–15, referring to señor Gómez:
Su coche está en . . .

F *poder* § 50b *tener que* § 87

Lines 1–10, p. 25

Construya diálogos como el ejemplo.
Make up dialogues as in no. 1.

1 A ¿Vas **al cine** esta noche?
B No puedo.
A ¿No puedes?
B No, tengo que **estudiar**.

(tú) – cine – estudiar

2 usted – bar – estudiar
3 Carlos – piscina – repasar la gramática
4 Pedro y Juan – plaza – ir a casa de un amigo
5 (vosotros) – hotel – contestar una carta.
6 ustedes – bar – volver a la oficina

G revision: days of the week

Construya diálogos como el ejemplo.
Make up dialogues as in no. 1, using any names you like.

1 A ¿Dígame?
B Hola, soy **Paco**. ¿Eres tú, **Carlos**?
A Sí, soy yo. ¿Qué hay?
B ¿Vamos a **la piscina esta tarde**?
A ¿Esta tarde? No puedo.
B ¿No puedes?
A No, tengo un examen de **francés mañana**.
B ¡Qué lástima, chico! Entonces no podemos ir.

piscina esta tarde – francés mañana.

2 cine el jueves – matemáticas el viernes
3 club mañana – historia el miércoles
4 biblioteca el lunes – geografía el martes

H *tener hambre (sed)* § 87;
querer § 50a

Pregunte y conteste como en el ejemplo.
Form questions and answers as in no. 1.

1 A ¿**Usted** tiene hambre?
B No, pero tengo sed.
Quiero tomar **una limonada**.

usted – limonada

2 (tú) – coca-cola
3 (vosotros) – vaso de leche
4 ustedes – naranjada
5 las chicas – coca-cola
6 Alberto – limonada

I *su – sus* = their
revision: *encima de, debajo de, delante de, detrás de*

Referring to the drawing, form questions and answers as in no. 1.

1 bolígrafos

A ¿Dónde están los bolígrafos de los chicos?
B ¿Sus bolígrafos? Están debajo de la mesa.

2 bocadillos
3 hermana
4 discos
5 libros
6 tocadiscos
(el tocadiscos, record player)

Having answered the questions, study the illustration again, then, working in pairs, try to ask and answer the questions from memory; alternatively, write a description of the scene from memory.

15 Los meses

A dates § 19

Lea las fechas como en el ejemplo.
Read the dates aloud as in no. 1.

1 A ¿Qué fecha es hoy?
B Hoy es **el veintiséis de octubre**.

26/10

2	1/9	6	17/7
3	15/5	7	1/1
4	6/1	8	21/8
5	3/4	9	12/10

B – C months

B Construya diálogos como el ejemplo.
Changing the months as you like, make up dialogues as in no. 1.

1 A ¿Cuándo tienes vaccaciones?
B Este año, en **mayo**, ¿y tú?
A Yo en **agosto**.

C Construya diálogos como el ejemplo.
Using the sets of months given, make up dialogues as in no. 1.

1 A A ver si adivinas cuándo es el día de mi santo . . .
B No sé . . . ¿en **febrero**?
A Más tarde . . .
B ¿En **abril**?
A Antes . . .
B ¿En **marzo**?
A Eso es, en marzo.

febrero – abril – marzo

2 junio – agosto – julio
3 octubre – diciembre – noviembre
4 diciembre – febrero – enero
5 marzo – mayo – abril

D months and dates

Trabaje como en **B**.
Work as in **Ex. B**, changing the months and dates as you like.

A ¿Cuándo vas a España?
B En **febrero**.
A ¿Qué día?
B El **dieciocho**.

En Guatemala no hay primavera

Conteste a las preguntas. Answer the questions.

1 ¿Dónde está Guatemala?
2 Nosotros hablamos de cuatro estaciones del año. ¿Cuáles son?
3 ¿Los guatemaltecos hablan también de cuatro estaciones?
4 ¿Cuáles son los meses de verano en la costa del Pacífico de Guatemala?
5 ¿Qué tiempo hace allí entonces?
6 ¿Cuáles son los meses de invierno en la costa del Pacífico de Guatemala?
7 ¿Qué tiempo hace entonces?

El tiempo

A – C weather § 75

A Mire el mapa y conteste a las preguntas.
Referring to the map, answer the questions.

Estamos en junio

1 ¿Qué tiempo hace en Madrid?
2 ¿Qué tiempo hace en Barcelona?
3 ¿Qué tiempo hace en Mallorca?
4 ¿Qué tiempo hace en Torremolinos?
5 ¿Qué tiempo hace en Santander?
6 ¿Qué tiempo hace en Sevilla?

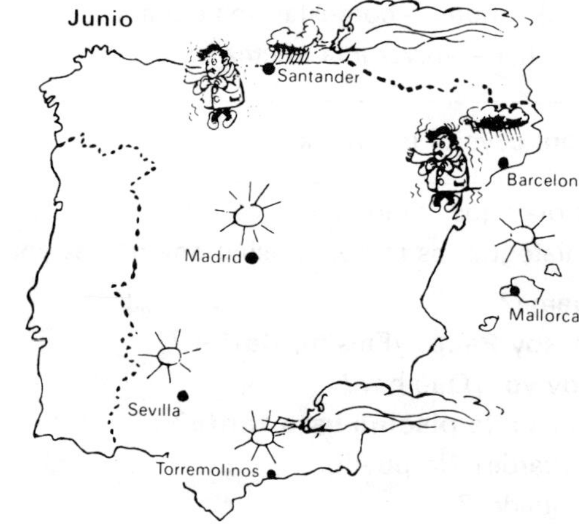

Estamos en enero

7 ¿Cuántos grados hace en Madrid?
8 ¿Cuántos grados hace en Santander?
9 ¿Cuántos grados hace en Alicante?
10 ¿Cuántos grados hace en Torremolinos?
11 ¿Cuántos grados hace en Burgos?
12 ¿Cuántos grados hace en Palma de Mallorca?

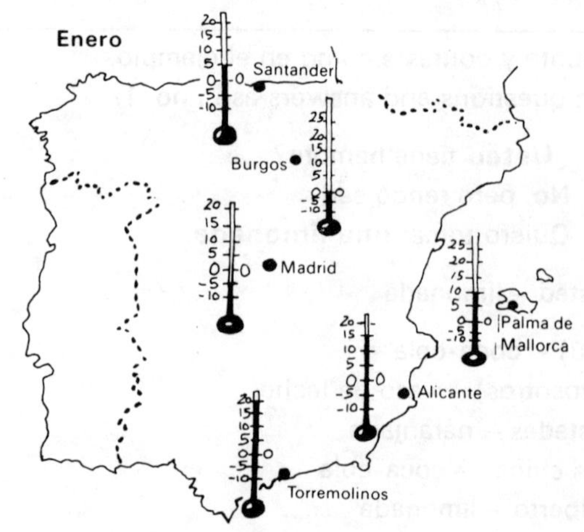

B *tener calor, tener frío* § 87
hace calor, hace frío § 75

Construya diálogos como el ejemplo.
Make up dialogues as in no. 1.

1 A ¡Qué **calor** tengo!
B Sí, hace mucho calor.
A Bueno, ya estamos en **junio**.

Change *calor* to *frío* and alter the months as suitable.

calor	*frío*
abril	septiembre
mayo	noviembre
junio	diciembre
julio	

C* *le gusta a usted* § 98a

Construya diálogos como el ejemplo.
Make up dialogues as in no. 1.

1 A ¿Le gusta este tiempo a usted?
B No, no me gusta mucho. Hace demasiado **calor**.
A ¿Vamos a tomar un **helado**?
B Sí, vamos.

Use *calor* or *frío*.
Choose an appropriate drink or snack.

calor	*frío*
helado	cortado
refresco	expreso
coca-cola	café con leche
naranjada	café
limonada	té

Dos postales

A years § 20

Lea los años.
Read the years aloud.

1 1956 – **mil novecientos cincuenta y seis**

2 1959	7 1808
3 1960	8 1588
4 1880	9 1571
5 1939	10 1492
6 1936	11 1975

B dates and years § 21

Lea estas fechas.
Read these dates aloud.

1 **Santander, treinta de mayo de mil novecientos setenta y cinco**.
Santander, 30/5 1975

2 Madrid, 1/1 1975	5 Lepanto, 7/10 1571
3 Madrid, 3/5 1808	6 Burgos, 30/7 1936
4 San Salvador, 12/10 1492	

C You are Martín; using the following outline, say what Antonio and Elena tell you on their postcard.

Santander – ciudad bonita – hotel Miramar – el mar – el tiempo – el jueves – San Sebastián – el sábado – Madrid

D buen-bueno § 9b

Pregunte y conteste como en los ejemplos.
Form questions and answers as in nos. 1 and 2.

1 A Es un buen **hotel**, ¿verdad?
B Sí, es muy bueno.
2 A Es una buena **pensión**, ¿verdad?
B Sí, es muy buena.

3 restaurante
4 piscina
5 libro
6 coche
7 farmacia

E You are Dolores; using the following outline, say what news you have of Antonio and Elena.

Madrid – la ciudad – la pensión – la comida – el tiempo – aire – pasado mañana – Valencia – el martes – Elena – el museo

F You are Carmen Moliner (see Lesson 13). Write a postcard to your friend Mercedes in Bilbao dated 5 June.

Say:
where you, your husband and the children are
that Juan is working and you are at a hotel
what the hotel is like
that the weather is good but very hot
where you and your husband have meals.

G Write a postcard to a friend from any place you know. Say where you are and give your opinion of the hotel, the food and the weather. Say what you like and dislike about the place and where you plan to go tomorrow.
N.B. Use the vocabulary in the Student's Book, NOT a dictionary.

16 El norte

A Summarize in English what you have read in Lesson 16 about the north of Spain.

B Conteste a las preguntas.
Answer the questions.

1 ¿Qué tiempo hace generalmente en verano en el norte?
2 Muchos madrileños pasan sus vacaciones en el norte. ¿Por qué?
3 ¿Van otros turistas allí?
4 ¿Por qué se llama esta parte "La España verde"?
5 ¿De qué viven muchas personas en Galicia?
6 ¿De qué pesca viven, por ejemplo?
7 ¿Cuál es la principal industria de Galicia?
8 ¿Venden toda la pesca a otras partes de España?
9 ¿Hay otras industrias en el norte?
10 ¿Qué hay en Asturias?
11 ¿Qué hay en el País Vasco?
12 ¿Dónde hay vino?
13 ¿Cuál es la principal ciudad del norte?
14 ¿Qué sabe usted de Bilbao?
15 En el País Vasco se hablan dos lenguas. ¿Qué lenguas son?

C Match the information on the left with the places on the right. Note that a place may be used more than once.

1 puerto importante	a Galicia
2 40 días de sol al año	b Madrid
3 110 días de sol al año	c Asturias
4 minas de hierro	d La Rioja
5 conserva de pescado	e San Sebastián
6 minas de carbón	f Madrid
7 el vasco	g la costa cantábrica
8 temperatura media 18 en agosto	h "La España verde"
9 temperatura media 24 en agosto	i el País Vasco
10 vino	j Bilbao
	k el País Vasco

D Summarize what you have read in Lesson 16 about the north of Spain with the help of the following outline.

el tiempo – la temperatura media – turistas – "La España verde" – pesca – industria – se exporta – minas de hierro – minas de carbón – 40 000 mineros – vino – Bilbao – el vasco

17 En la playa

A Conteste a las preguntas.
Answer the questions.

Lines 1–6

1 ¿Por qué es muy importante para España el turismo?
2 ¿Adónde van los extranjeros en verano?
3 ¿Dónde está la Costa Brava?
4 ¿Y la Costa del Sol?
5 ¿Adónde van los turistas en invierno?
6 ¿De qué países son los turistas que van a España?

B – E adjectives of nationality – countries § 7b

B Mire el mapa en la página 25. Conteste a las preguntas como en el ejemplo.
Referring to the map on p. 25, answer the questions as in no. 2.

1 ¿De dónde es el señor Brown?
Es británico. Es de Gran Bretaña.

2 ¿De dónde es el señor Moretti?
3 ¿De dónde es el señor Brandt?
4 ¿De dónde es la señora Svensson?
5 ¿De dónde es el señor Hederup?
6 ¿De dónde es la señorita Atze?
7 ¿De dónde es la señora Sorstad?
8 ¿De dónde es el señor Kovalainen?
9 ¿De dónde es la señora Dubois?
10 ¿De dónde es la señor Pérez?
11 ¿De dónde es la señorita Sánchez?

C Construya diálogos como los ejemplos.
Make up dialogues as in nos. 1 and 5.

1 A Usted no es español, ¿verdad?
1 B No, soy **irlandés**. Soy de Irlanda.
A ¿Y su mujer también es irlandesa?
B No, ella no. Es **francesa**.

irlandés – francesa

2 francés – italiana 3 alemán – danesa 4 inglés – galesa

5 A Usted no es española, ¿verdad?
B No, soy **francesa**. Soy de Francia.
A ¿Y su novio también es francés?
B No, él no. Es **italiano**.

francesa – italiano

6 inglesa – escocés 7 alemana – danés 8 italiana – sueco

D Languages

Construya diálogos como el ejemplo.
Make up dialogues as in no. 1, addressing *señor, señora* or *señorita*.

1 A ¿Habla usted **español**, señorita?
B Sí, un poco. Estudio español en Londres (London)
A ¿Y su **novio** también habla español?
B No, él no, pero entiende un poco.

Use other languages, e.g.	Possible variations on *novio*. Mind the verbs!	
francés	amigo	hermana
inglés	mujer	madre
italiano	padres	padre
alemán	hermano	

G* *a mí me gustaría* § 32b
revision: countries

Mire esta mapa. Construya diálogos.
Referring to this map, make up dialogues as in no. 1.

A A mí también me gustaría ir de vacaciones.
B ¿Adónde te gustaría ir?
A No sé, quizás a **Francia** o a **Italia** . . .

E – F agreement of adjectives of nationality § 7a, 8

E Pregunte y conteste como en el ejemplo.
Form questions and answers as in no. 1.

1 A Llevas **un traje** muy bonito. ¿Es de **Italia**?
B Sí, es un traje italiano.

traje – ¿Italia?

2 jersey – ¿Escocia?
3 falda – ¿Francia?
4 blusa – ¿Irlanda?

F Trabaje como en **E**.
Work as in **Ex. E**.

1 A Pablo siempre lleva **jerseys** muy bonitos. ¿Son de **Francia**?
B Sí, sólo compra jerseys franceses.

jerseys – ¿Francia?

2 trajes – ¿Inglaterra?
3 pantalones – ¿España?
4 camisas – ¿Italia?

H revision: clock § 18a, b

Construya diálogos como el ejemplo.
Make up dialogues as in no. 1.

a A ¿A qué hora pasa el **doce**, por favor?
B A **las dos y media**.
A ¿Cuánto tiempo tarda en llegar a **la plaza**?
B **Veinte** minutos.
12 – 14:30 – la plaza – 20

b 15 – 15:00 – la estación – 10
c 5 – 17:15 – el centro – 25
d 8 – 13:30 – la plaza de Colón – 15

18 Un pescador

A revision: time of day § 18a

Construya diálogos como el ejemplo.
Make up dialogues as in no. 1.

Lines 1–4

1 A ¿A qué hora va usted al trabajo?
B A **las once de la noche**.
A ¿A **las once de la noche**?
B Sí, soy **pescador**.
23:00 – pescador

2 22:00 – barman
3 16:00 – camarero/camarera
4 05:00 – cocinero/cocinera

Lines 1–10

B – C reflexive verbs § 25

B revision: stem-changing verbs § 49–51
clock § 18a

With the help of the following outline, write an account of a day in the life of Juan.

Un día de Juan

despertarse, 7:00 – levantarse, 7:30 – desayunar, 8:00 – ir a la oficina, 8:30 – comprar el ABC, 8:45 – empezar el trabajo, 9:00 – trabajar, 9:00–13:00 – almorzar, bar, 13:30 – volver a la oficina, 14:45 – trabajar, 15:00–19:00 – volver a casa, 19:15 – ir en autobús – mirar la televisión, 20:00–22:00 – cenar, 22:30 – acostarse, 24:00.

C Juan gives his own account of a day in his life.

Álvaro Conqueiro

A Conteste e las preguntas.
Answer the questions.

Lines 1–11

1 ¿Qué profesión tiene Álvaro Conqueiro?
2 ¿Dónde vive?
3 ¿Dónde está La Guardia?
4 ¿Quién es Dolores?
5 ¿Dónde trabaja ella?
6 Eulogio, ¿quién es? ¿Qué hace?
7 ¿De qué viven muchos de los habitantes de La Guardia?
8 ¿Qué tienen Álvaro y Eulogio?
9 ¿Cómo se llama la barca? ¿Es grande?
10 Álvaro y su hijo están cenando en casa. ¿Dolores también está cenando?

Lines 12–23

11 ¿Adónde van Álvaro y Eulogio a las 9 de la noche?
12 ¿Con quiénes se encuentran allí?
13 ¿Qué tiempo hace esta noche?
14 ¿A qué hora salen del puerto? (21:30)
15 ¿Cuánto tiempo se quedan en el mar?

Lines 24–38

16 ¿A qué hora vuelven al puerto? (05:00)
17 ¿Dónde ponen las cajas?
18 ¿Qué hay en las cajas?
19 ¿Adónde van con las cajas?
20 Allí está Dolores. ¿Qué hace ella allí?
21 ¿Qué hacen Álvaro y su hijo con el resto de la pesca?
22 ¿Quiénes trabajan en la fábrica?
23 ¿A qué hora vuelven Álvaro y Eulogio a casa? (08:00)
24 ¿Qué hacen en casa?
25 ¿A qué hora se despiertan? (14:00)
26 ¿Adónde van?
27 ¿Almuerzan solos?

B – D reflexive verbs § 25

B Pregunte a Eulogio Conqueiro. Él contesta con frases completas.
Ask Eulogio Conqueiro these questions.
He answers with complete sentences.

1 ¿Cómo te llamas?
E Me . . .

2 ¿Qué haces?
E Soy . . .
3 ¿A qué hora te vas hoy?
E . . . (21:00)
4 ¿Dónde te encuentras con los otros pescadores?
E . . . (en el puerto)
5 ¿Cuánto tiempo te quedas en el mar?
E . . . (toda la noche)
6 Por la mañana vuelves a casa. ¿A qué hora te acuestas?
E . . . (08:30)
7 ¿A qué hora te despiertas generalmente?
E . . . (14:00)

C Pregunte a Álvaro Conqueiro. Él contesta con frases completas.
Ask Alvaro Conqueiro questions 3–7 in **Ex. B**, using *ustedes*. He answers with complete sentences.

¿A qué hora se van ustedes hoy?
Nos . . . (21:00)
Etc.

D* Pregunte a Álvaro y a Eulogio Conqueiro. Ellos contestan con frases completas.
Ask Alvaro and Eulogio Conqueiro questions 3–7 in **Ex. B**, using *vosotros*. They answer with complete sentences.

¿A qué hora os vais hoy?
Nos . . . (21:00)
Etc.

Picture composition

Look at the pictures. Write about a day in the life of Luis.

E *irse* § 76
revision: *tener que* § 87

Pregunte y conteste como en el ejemplo.
Form questions and answers as in no. 1.

1 A ¿Ya te vas?
B Sí, tengo que ir **al trabajo**.
(tú) – trabajo

2 usted – biblioteca
3 (vosotros) – puerto
4 ustedes – mercado
5 (tú) – farmacia
6 Elena – plaza de Colón
7 las chicas – bar

F continuous present of *-ar* verbs § 52

Mire el dibujo en la página 18 del libro de texto.
¿Qué hacen las personas en el bar?
Using the following expressions as required, give an account of what the people in the bar are doing as shown on pp. 18–19 of the Student's Book.

Ejemplo:
El camarero está fumando un cigarrillo.
fumar un cigarrillo

1 escuchar la radio
2 hablar con las chicas
3 desayunar café y pan con mermelada
4 fumar en pipa
5 buscar algo en el periódico
6 mirar la lista de precios

G Crucigrama

Horizontalmente
1 Una cerveza, por . . . .
4 Té con . . ., 15 pesetas.
5 Tengo un jersey rojo y una falda del mismo . . . .

Verticalmente
2 El Sr. Moliner es . . . del Sr. Marti.
3 En Guatemala no hay primavera ni . . .

19 El centro

A After reading Lesson 19, write in English what you know of central Spain.

B Conteste a las preguntas.
Answer the questions.

1 ¿Dónde está la Meseta?
2 ¿Ocupa gran parte de España?
3 ¿Llueve mucho allí?
4 ¿Qué temperatura puede hacer en la Meseta
(a) en verano? (+35)
(b) en invierno? (−10)
5 ¿Dónde trabaja la gente principalmente?
6 ¿Qué se cultiva en Castilla la Nueva?
7 ¿Muchos campesinos emigran. ¿Por qué?
8 ¿Adónde van?
9 ¿Cómo se llama la capital de España?
10 ¿Cuántos habitantes tiene?
11 ¿A cuántos metros de altura está situada?
12 ¿Por qué va mucha gente a Madrid a buscar trabajo?
13 ¿De dónde son los inmigrantes?
14 ¿Encuentran trabajo todos?

Madrid

C Talking about the photos

Mire las fotos del libro de texto. Conteste a las preguntas.
Referring to the photos on p. 35 of the Student's Book answer the questions.

La Plaza de España

1 ¿Qué monumento es?
2 ¿Dónde está?
3 ¿Quiénes están delante del monumento?
4 ¿Cómo se llama el edificio que está a la izquierda?
5 ¿Cómo es el edificio?
6 ¿Dónde está el "Edificio España"?
7 ¿Dónde están los edificios más altos de Madrid?

La Plaza de la Cibeles

1 En Madrid, el tráfico es un gran problema. ¿Qué otro problema muy grave hay allí?
2 ¿Qué ves en la foto?

El Parque del Retiro

1 ¿Cómo se llama el parque más grande de Madrid?
2 ¿Dónde está?
3 ¿Qué es un estanque?
4 ¿Qué ves en el estanque?
5 ¿Dónde están los soldados?
6 ¿Qué monumento ves al fondo?

En el Museo del Prado

Are the following 6 statements true? If not, correct them.

1 El Museo del Prado es uno de los museos de historia más importantes de Europa.
2 Allí hay más de 8 000 cuadros.
3 En el Prado hay cuadros de El Greco.
4 Uno de los cuadros más conocidos es "La Maja Desnuda" de Velázquez.
5 "La Maja Desnuda" está a la izquierda en la foto.
6 En el centro está el guía.

D comparison § 10b

Mire el escaparate en la página 29 y haga frases como el ejemplo.
Make sentences as in nos. 1 and 2 about the articles in the shop window on p. 29.

1 El autobús de la izquierda es más barato que el autobús de la derecha.
2 Las bicicletas de la izquierda son más caras que las bicicletas de la derecha.

E comparison of adjectives § 10
revision: *este* § 33, numbers § 16

Construya diálogos como el ejemplo.
Make up dialogues as in no. 1.

(En una tienda)

1 A ¿Cuánto cuesta **la falda**?
B **Doscientas cincuenta pesetas.**
A ¿No tiene **una falda** más barata?
B No, esta es **la falda** más barata que tengo.
falda – 250 ptas.
2 blusa – 450 ptas.
3 jersey – 800 ptas.
4 camisas – 225 ptas.
5 pantalones – 300 ptas.

F – G comparison of *bueno* § 10b
revision: *este* § 33

Construya diálogos como el ejemplo.
Make up dialogues as in no. 1.

(En una tienda)

1 A Este **traje** es bueno . . .
B ¿No hay uno mejor?
A No, este es el mejor **traje** que tenemos.

traje

2 jersey
3 falda
4 blusa

G

Trabaje como en **F**.
Work as in **Ex. F**.

1 A Estos **pantalones** son buenos . . .
B ¿No hay unos mejores?
A No, estos son los mejores **pantalones** que tenemos

pantalones

2 calcetines
3 camisas
4 blusas
5 jerseys

H Trabaje como en **G**.
Work as in **Ex. G.**

(Dos amigos se encuentran en la calle.)

1 A ¿Te gusta **el hotel**?
B Sí, es muy bueno.
A ¿Es mejor que el otro?
B Creo que es el mejor **hotel** del pueblo.

hotel

2 restaurante 3 pensión 4 bar

I comparison of *malo* § 10b; revision: *este* § 33

Trabaje como en **H**.
Work as in **Ex. H.**

1 A Este **coche** es muy malo . . .
B ¿Es peor que los otros?
A Creo que es el peor **coche** que hay.

coche

2 marca 3 biblioteca 4 hotel

J Find the odd word
in each of the following groups.

1 Galicia – Guatemala – Sagunto – Sevilla.
2 almuerzo – bocadillo – camarero – desayuno
3 abrigos – calcetines – leotardos – tejanos
4 cigarrillos – Ducados – estancos – estanques
5 Guadalquivir – Guadiana – Guadarrama – Duero

En el rastro

demonstrative adjective *ese* § 35
dar § 70
revision: numbers § 16

Pregunte y conteste como en el ejemplo.
Form questions and answers as in no. 1.

1 A ¿Cuánto me da usted por **el transistor**?
B ¿Por ese **transistor**? Le doy **300 pesetas**.

el transistor – 300 ptas.

2 la radio – 600 ptas.
3 los discos – 400 ptas.
4 las tazas – 150 ptas.
5 la bicicleta – 800 ptas.

20 La señora Carmen Pérez de González

A – C ordinal numbers 1 – 5 § 17, 22

A Mire el tablero en la página 36 del libro de texto. Conteste a las preguntas.
Referring to the signboard shown on p. 36 of the Student's Book, form questions and answers as in no. 1.

1 ¿Dónde vive el señor Argons?
Vive en el primer piso.

2 ¿Dónde vive el señor López?
3 ¿Dónde vive el señor González?
4 ¿Dónde vive el dentista?

Continue, using the remaining names on the list.

B revision: *tengo que* § 87

Mire el tablero en el libro de texto. Pregunte y conteste como en el ejemplo.
Referring to the signboard (**Ex. A**), form questions and answers as in no. 1.

1 A Tengo que hablar con **el señor Pérez**.
B Vive en el primero, izquierda.

el señor Pérez

2 el señor Argons
3 la señora de Gómez
4 la señora de González

C* present of *subir, vivir* § 48

Pregunte y conteste como en el ejemplo.
Form questions and answers as in no. 1.

(Estamos en un ascensor.)

1 A ¿Subes al **cuarto** piso?
B Sí, vivo en el cuarto.

(tú) – 4°

2 (tú) – 2°
3 usted – 1°
4 el señor – 3°
5 (vosotros) – 4°
6 las chicas – 5°
7 ustedes – 2°

21 El periodista

Lines 1–16

A Conteste a las preguntas.
Answer the questions.

1 ¿Qué hace Benito Sánchez?
2 ¿Qué escribe?
3 ¿Dónde vive?
4 ¿Tiene familia?
5 ¿Cuántos años tiene él? (35)
6 ¿Y su mujer? (29)
7 Tiene dos hijas (9 y 5) y un hijo (7). ¿Cuántos años tienen?
8 Trabaja también como profesor. ¿Por qué?
9 ¿Dónde trabaja como profesor?
10 ¿De qué da clases?
11 ¿Qué cursos tiene la academia?
12 ¿Dónde está la academia?
13 ¿Cuándo trabaja allí?

B *tener* + age § 87
mayor – menor (que); el/la mayor – menor § 10b

1 ¿Cuántos años tiene (a) Carmen? (b) Enrique? (c) Juana?
2 . . . es la menor.
. . . es la mayor.
. . . es mayor que . . . pero es . . . que Juana.

Lines 1–42

C Lea el diálogo en el libro de texto. Mire el plano del metro. Conteste a las preguntas.
Referring to the dialogues in the Student's Book and the metro plan, answer the questions.

1 ¿En qué parte de Madrid vive Benito?
2 ¿Cómo va a la academia?
3 ¿Dónde toma el metro?
4 ¿Qué línea toma?
5 ¿Dónde tiene que hacer transbordo?
6 ¿Qué línea toma después?
7 ¿Dónde sube su amigo Juan al metro?
8 ¿Y dónde baja Juan?

D *salir* § 85
revision: *quedarse* § 25

Pregunte y conteste como en el ejemplo.
Form questions and answers as in no. 1.

1 A ¿Te quedas en **la tienda**?
B Sí, salgo a **las nueve**.
(tú) – tienda – 9

2 (tú) – farmacia – 8
3 Enrique – biblioteca – 7
4 Juan y Jaime – academia – 9
5 (vosotros) – banco – 2:30

E *acabar de* § 57
revision: *vivir* § 48, possessive adjectives § 40

Pregunte y conteste como en el ejemplo.
Form questions and answers as in no. 1.

1 A ¿Vives todavía en casa de tus padres?
B No, ya no. Ahora vivo en **Sevilla**. Acabo de comprar un piso allí.
(tú) – Sevilla

2 Cristina – Barcelona
3 Juan y Emilia – Valencia
4 (vosotros) – Bilbao
5 usted – Santander

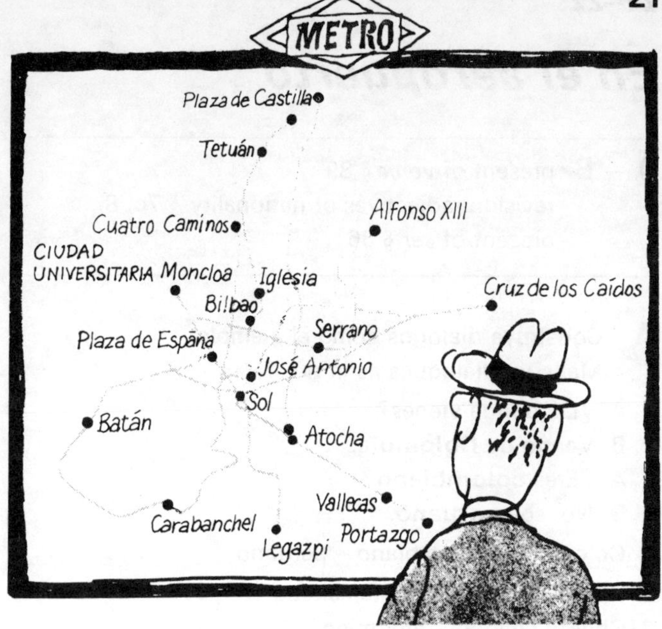

F *salir* § 85
revision of *subir* (§ 48), and *hacer* (§ 75)

Using the Madrid metro plan and the outline below explain:

1 how Luis gets to Tetuán from Moncloa.
2 how you get to Serrano from Iglesia.
3 how you and your friend get to Batán from Atocha.

Outline: subir al metro – tomar la línea de – bajar – hacer transbordo – salir del metro

G Benito Sánchez writes about himself. Begin with:
Me llamo . . .
Soy . . .

Continue, basing your account on the following outline:

periodista – periódicos y revistas – Madrid – 35 años – mujer, 29 – tres hijos, 5, 7, 9 – Vallecas – acabar de – piso – dinero – poder vivir – academia de noche – francés – Ciudad Universitaria – metro

---

H revision: *-ar*, *-er*, and *-ir* verbs § 46 – 48

Rellene con las formas correctas de los verbos.
Rewrite, supplying the correct form of the verbs in brackets.

1 Juan . . . en Granada y . . . en un hotel. (vivir, trabajar)
2 . . . poco pero . . . y . . . gratis allí. (ganar, comer, beber)
3 También . . . dinero de sus padres. (recibir)

Repeat, replacing Juan by "Juan y yo".

En el aeropuerto

A – B present of *venir* § 89
revision: adjectives of nationality § 7b, 8,
present of *ser* § 86

A Construya diálogos como el ejemplo.
Make up dialogues as in no. 1.

1 A ¿De dónde vienes?
B Vengo de **Colombia**.
A ¿Eres **colombiano**?
B No, soy **peruano**.
Colombia – colombiano – peruano
2 Perú – peruano – guatemalteco
3 Chile – chileno – argentino

B Trabaje como en A.
Work as in **Ex. A**.

1 A ¿De dónde vienen **ustedes**?
B Venimos de **Francia**.
A ¿Son **franceses**?
V No, somos **italianos**.
ustedes – Francia – franceses – italianos
2 (tú) – Chile – chileno – colombiano
3 la chica – Cuba – cubana – mexicana
4 (vosotros) – Suecia – suecos – noruegos
5 los chicos – España – españoles – italianos

Listening test

1 ¿Cuántos años tiene el chico?
a 22
b 27
c 35

2 Vive cerca de
a Bilbao
b Santander
c Oviedo

3 Vive en casa de
a sus padres
b sus abuelos
c sus hermanos

4 Trabaja en
a un banco
b una farmacia
c una empresa que exporta bicicletas

5 Va al trabajo en
a moto
b coche
c bicicleta

6 ¿Le gusta el trabajo?
a no mucho
b mucho
c poco

22 El tren no llega

A – C continuous present § 52–53

Lines 1–12

A Pregunte y conteste como en el ejemplo.
Form questions and answers as in no. 1.

1 A ¿Qué hace Carmen?
B Está tomando café.

1 Carmen

5 Emilia

2 Luis

6 Pedro y Enrique

3 Juan y José

7 Ana y Rosario

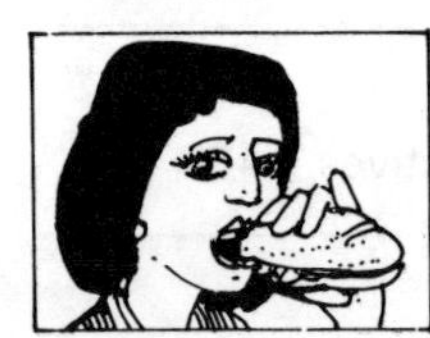

4 Ana

8 el camarero

B Construya diálogos como el ejemplo.
Make up dialogues as in no. 1.

1 A ¿Qué haces?
B Estoy **escuchando** algo.
A ¿Qué estás escuchando?
B **Un programa sobre el turismo.**
escuchar – un programa sobre el turismo
2 buscar – un bolígrafo
3 comer – un bocadillo
4 leer – un artículo sobre Gibraltar

el *programa* programme

C revision of *venir* § 89 and *poder* § 50b

Pregunte y conteste como en el ejemplo. (Al teléfono)
Using the 3 columns below, make up a telephone conversation as shown.

A ¿Vienes a **la piscina**?
B Ahora no puedo. Estoy **mirando una película muy buena en la televisión**.

1 (tú)	piscina	preparar una clase de francés
2 usted	club	preparar la comida
3 (vosotros)	cine	leer un libro muy interesante
4 Carmen	bar	escribir una carta muy importante
5 José	plaza	hacer un trabajo muy importante
6 los chicos	biblioteca	estudiar

D revision: clock § 18

Construya diálogos como el ejemplo.
Make up dialogues as in no. 1.

1 A ¿Qué hora es?
B Son **las nueve y cuarto**.
A ¿A qué hora llega el autobús?
B Creo que a **las nueve y media**.

E Using the outline below, write an account of the events in Lesson 22. Then try to memorize the story and tell it orally.

Doña Eusebia y don Tomás – estación – pueblo castellano – tren de las 14:30 para Guadalajara – calor – sudar – 15:20 mirar el horario – trenes no venir – 16:30 hambre y sed – nota – los domingos – 13:45 y 17:15 – volver

F revision: weather

Mire los mapas en la página 22. Elija poblaciones. Construya diálogos como el ejemplo. (Una llamada telefónica)
Choose towns from the maps on p. 22 and using any names you like, make up telephone conversations as shown.

A Hola, **Carmen**, soy **Andrés**.
B **¿Andrés**? ¿Dónde estás?
A Estoy en **Madrid**.
B ¿En **Madrid**? ¿Qué tiempo hace?
A Aquí hace **buen tiempo, hace sol y hace mucho calor**.

G Answer these questions as fully as possible, writing a short paragraph on each.

1 ¿Qué sabe usted de Antonia? (Lección 10)
2 ¿Qué está haciendo el señor García ahora y qué piensa hacer después? (Lección 12)

23 Una familia nerviosa

Lines 1–11

A Mire el dibujo del libro de texto. Describa el andén. Using the outline below, describe the platform scene shown on p. 39 of the Student's Book.

a la izquierda – a la derecha – junto a la puerta – un banco – delante de la taquilla – junto a la puerta de la cantina (snack bar) – junto a la puerta del lavabo para caballeros (gents' toilet)

B – F direct object pronouns § 27–28a

B positive statements

Pregunte y conteste como en el ejemplo.
Form questions and answers as in no. 1.
Lines 1–27

1 A ¿Quién tiene **la llave**?
B La tengo yo.

1 
2 

3 

4 

5 

C positive statements § 27–28a

Trabaje como en **B**.
Work as in **Ex. B**.

1 A ¿Quién tiene **la maleta**?
B La tiene doña Ana.

1

doña Ana

2

don Ignacio

3

don Alfredo

4

doña Pilar

5

Alfonso

6

Carmen

D negative statements § 27–28a

Mire los dibujos de **B**. Pregunte y conteste como en el ejemplo.
Referring to the drawings in **Ex. B**, form questions and answers as in no. 1.

1 A ¿Quién tiene la llave?
B No sé, yo no la tengo.

E personal *a* § 96
ver § 90

Construya diálogos como el ejemplo.
Make up dialogues as in no. 1.

1 A ¿Ves a **Antonia**?
B No, no la veo. ¿Dónde está?
A Allí, **junto a la puerta**.

Antonia – junto a la puerta

2 Cristina – en el banco
3 los chicos – en otro banco
4 las chicas – a la derecha de la puerta
5 los curas – delante de la taquilla
6 el señor – en el banco

F direct objects, persons and things §§ 27–28a, 96

Mire el dibujo en el libro de texto. Pregunte y conteste como en el ejemplo.
Referring to the illustration on p. 39 of the Student's Book, form questions and answers as in no. 1.
Remember the personal *a*!

1 A ¿Ves **la estación**?
B Claro que la veo.

la estación

2 Alfonso	6 el reloj	10 el periódico
3 las maletas	7 los curas	11 las mujeres
4 la familia García	8 el banco	12 el guardia
5 Carmencita	9 el señor	

G* revision: *no me/te/gusta* § 97a
tengo hambre/sed/ § 87

Mire la lista de precios en la página 19 del libro de texto. Construya diálogos como los ejemplos.
Referring to the price list on p. 19 of the Student's Book make up dialogues as shown.

1 A Tengo **hambre**.
B Aquí tienes un **bocadillo de mortadela**.
A No lo quiero. **La mortadela** no me gusta.
B ¿Te gusta más **el jamón**?
A Sí, gracias.

2 A Tengo **sed**.
B Aquí tienes una **limonada**.
A No la quiero. **La limonada** no me gusta.
B ¿Te gusta más **la naranjada**?
A Sí, gracias.

24 El piso nuevo

A *poner* § 80
object pronouns with the infinitive § 28c

Mire el dibujo en la página 40 del libro de texto. Pregunte y conteste como en el ejemplo.
Referring to the drawing on p. 40 of the Student's Book, form questions and answers as in no. 1.

1 A ¿Dónde pongo **la mesa**?
B Puedes ponerla en **la sala**.

mesa – sala

2 nevera – cocina	4 televisor – sala
3 sillas – comedor	5 sillones – dormitorio

Continue, using any objects or parts of the house shown.

B Make a plan (or a drawing) of your sitting room or lounge, labelling in Spanish as many of the contents as you can. Then write a paragraph stating where these articles are. See Lessons 9 and 10 for expressions denoting position.

N.B. Say only what you know how to say in Spanish.

25 En la agencia de viajes

Lines 1–23

A Conteste a las preguntas.
Answer the questions.

1 ¿Dónde entra María de Aizguirre?
2 ¿Cómo es ella?
3 ¿Cuántos años tiene?
4 ¿Qué lleva?
5 ¿Adónde quiere ir?
6 ¿Quiere ir en tren?
7 ¿Qué tiene que hacer en Madrid?
8 ¿Cuánto vale el pasaje? (2 780 ptas.)
9 ¿Puede comprar el pasaje en la agencia?
10 ¿Por qué no lo puede hacer?
11 ¿Dónde tiene que comprarlo?

Lines 1–14

B travel information

Referring to the time-tables below, give flight times between Bilbao and Malaga by completing the following sentences.

Hay un avión que . . . a las . . . y llega a Madrid a las . . . En Madrid . . . que hacer . . . El avión . . . de allí a las . . . y . . . a Málaga a las. . . .

Bilbao – Madrid

Bilbao S.	8,50	12,30	13,20	15,30	17,15
Madrid Ll.	10,10	13,15	14,40	16,15	18,00

Madrid – Málaga

Madrid S.	10,10	11,00	12,15	15,45	16,00
Málaga Ll.	11,00	11,50	13,05	16,35	18,00

S. = Salida
Ll. = Llegada

Lines 1–17

C numbers over 1 000 § 16

Mire la lista de precios. Construya diálogos como el ejemplo.
Referring to the price list, make up dialogues as in no. 1.

Tarifas Nacionales

De/a	Ida	Ida y vuelta
Las Palmas		
Madrid	4.065,—	8,130,—
Puerto del Rosario	535,—	1.070,—
Santa Cruz, Tenerife	370,—	740,—
Madrid		
Málaga	1.470,—	2.940,—
Palma de Mallorca	1.810,—	3.620,—
Santiago de Compostela	1.655,—	3.310,—
Sevilla	1.320,—	2.640,—
Málaga		
Melilla	740,—	1.480,—
Sevilla	540,—	1.080,—
Oviedo		
San Sebastián	2.460,—	2.460,—
Santiago de Compostela		
Vigo	310,—	620,—

1 A Quiero ir de **Madrid** a **Málaga**. ¿Cuánto vale el pasaje?
B ¿Ida y vuelta?
A No, sólo ida.
B De **Madrid** a **Málaga** cuesta 1 470 pesetas.
Madrid – Málaga
2 Madrid – Palma de Mallorca
3 Madrid – Sevilla
4 Las Palmas – Madrid

Continue, referring to any of the journeys listed.

D revision: *querer* § 50a; *poder* § 50b; *tener que* § 87; revision: *por la mañana/tarde/noche*

Pregunte y conteste como en el ejemplo.
Form questions and answers as in no. 1.

1 A ¿Usted quiere ir por la **mañana** o por la **tarde**?
B Por la **mañana** no puedo. Tengo que ir por la **tarde**.
Usted
2 (Tú) 4 Ustedes
3 (Vosotros) 5 Los chicos

Use *por la mañana, por la tarde* and *por la noche* as you like.

Lines 1–51

E at the ticket office
revision: ordinal numbers 1–2 § 22;
dates § 19

Construya diálogos como el ejemplo.
Make up dialogues as shown.

a A **Dos** para **Valencia**, por favor.
B ¿De primera o de segunda?
A De **segunda**. ¿Hay que sacar reserva?
B Sí, ¿para cuándo los desea?
A Para **el diez de julio**.

2 – Valencia – 2ª – 10/7

b 2 – Zaragoza – 1ª – 15/10
c 3 – Toledo – 2ª – 8/5
d 1 – Pamplona – 2ª – 5/7

F reading the railway time-table
revision: clock. time of day § 18

Pregunte y conteste como en el ejemplo. Mire el horario de trenes.
Referring to the train times below, form questions and answers as shown.

Barcelona a Valencia

K.	Estaciones		Talgo	Talgo	Ráp.	Exp.	Exp.
	Barcelona	S.	8,15	10,15	14,25	18,05	23,35
42	Sitges	Ll.	8,52	10,52	15,17	18,55	0,28
		S.	8,55	10,53	15,20	19,00	0,30
92	Tarragona	Ll.	9,22	11,22	15,59	19,48	1,20
		S.	9,23	11,23	16,11	20,03	1,32
298	Castellón	Ll.	11,39	13,39	19,47	23,49	5,54
		S.	11,40	13,40	19,50	23,51	6,05
339	Sagunto	Ll.	12,18	14,18	20,27	0,35	6,52
		S.	12,20	14,20	20,30	0,40	6,55
368	Valencia	Ll.	12,55	14,55	21,—	1,07	7,31

K = Kilómetros — Talgo = high speed luxury train
S. = Salida — Ráp. = tren rápido
Ll. = Llegada — Exp. = tren expreso

A El señor Pérez quiere ir de **Barcelona** a **Valencia**. ¿A qué hora puede llegar a **Valencia**?
B Bueno, si toma **el Talgo de las diez y cuarto de la mañana** puede estar en **Valencia** a **las tres menos cinco de la tarde**.

Use any place-names and trains in the list. Not everyone can afford to travel by the Talgo.

26 El sur

A Write in English a summary of what you have read in the Student's Book about Andalucía.

B Conteste a las preguntas.
Answer the questions.

1 ¿Dónde está Andalucía?
2 ¿Qué tiempo hace allí a) en verano?
b) en invierno?
3 ¿Cómo se llama la principal ciudad?
4 ¿Cuántos habitantes tiene? (500 000)
5 ¿Qué sabe usted de Cádiz?
6 ¿Está bien repartida la tierra en Andalucía?
7 ¿Cuánta tierra posee el 2% de la población?
8 ¿Qué se cultiva en el campo?
9 ¿Qué se produce?
10 ¿Qué sabe usted de Jerez de la Frontera?
11 ¿Qué se exporta de Andalucía?
12 Mucha gente trabaja en el campo. ¿Qué otros trabajos hay?
13 ¿Cómo se llama la costa?
14 ¿Hay turistas allí sólo en verano?
15 ¿Qué hacen los que no encuentran trabajo?
16 ¿Adónde van?
17 ¿Qué trabajo hay para ellos en el extranjero?
18 Muchos se quedan varios años en el extranjero. ¿Qué hacen con el dinero que ganan?
19 ¿Qué quieren hacer después si vuelven a España?

C With the help of the following outline, summarize in Spanish the information given on Andalucía.

el tiempo – Sevilla – Cádiz – la tierra – latifundios – se cultiva – se produce – el jerez – se exporta – turistas – emigrar – trabajo – dinero – bar, gasolinera – piso

27 Un campesino andaluz

A Lea el texto y mire el dibujo en la página 44 del libro de texto. Conteste a las preguntas.
Referring to the text and the illustration on p. 44 of the Student's Book, answer the questions.

Lines 1–18

1 ¿Quién es Tomás López?
2 ¿Cuántos años tiene? (30)

3 ¿Está casado?
4 ¿En qué ciudad vive?
5 ¿Dónde está?
6 ¿Adónde va todos los años?
7 ¿Va solo?
8 ¿Qué mes va allí?
9 ¿Qué hace allí?
10 ¿Cuánto tiempo se queda en Francia?
11 Este año se va el dos de abril. ¿Dónde está por la mañana?
12 ¿Qué tren espera?
13 ¿Qué equipaje lleva?
14 ¿Dónde está el equipaje?
15 ¿Dónde está el perro?
16 ¿Hay más gente en el bar?
17 ¿Qué está haciendo la gente?
18 ¿Dónde está el jefe de estación?
19 ¿A quiénes está esperando Tomás?
20 ¿Qué está tomando?
21 ¿Quién es Rafael?

Lines 1–40

22 ¿Su primo Rafael tiene trabajo ahora? ¿Dónde?
23 ¿Quién es Pedro? ¿Qué hace?
24 ¿José y su hermano van también a Francia?
25 ¿Adónde tienen que ir?
26 ¿Dónde tienen que hacer la mili?

B – C *conocer* § 68

B revision: personal *a* § 96;
direct object pronouns § 27 – 28a

Lines 1–27

Pregunte y conteste como en el ejemplo.
Form questions and answers as in no. 1.

1 A Conoces a **Luisa y a su hermana**, ¿no?
B ¿A Luisa y a su hermana? Claro que las conozco.

Luisa y su hermana
2 Pedro
3 Carmen
4 Rafael y Pedro
5 el señor López

C use of noun-object with pronoun-object § 29

Trabaje como en **B**.
Work as in **Ex. B**.

1 A ¿Conoces a **Martín**?
B A Martín no lo conozco, pero conozco a su **hermano**.

Martín – hermano
2 Carlos – madre
3 los señores Sánchez – hijos
4 Vicente y Luis – padres
5 Emilia y Elena – hermanos

D revision:
quedarse § 25, *poder* § 50b, *tener que* § 87, clock § 18

Pregunte y conteste como en el ejemplo.
Form questions and answers as in no. 1.

1 A ¿No te quedas?
B No puedo, tengo que estar en **la oficina** a **las tres**.

(tú) – oficina – 15:00
2 usted – banco – 11:00
3 Carlos – biblioteca – 17:00
4 ellos – colegio – 10:00
5 (vosotros) – en casa – 13:00

E Addressing him as *usted*, ask Tomás López the questions which he would answer in the following way.

Lines 1–6

1 ¿. . .?
Tomás López.
2 ¿. . .?
De Andalucía.
3 ¿. . .?
30 años.
4 ¿. . .?
No, soy soltero.
5 ¿. . .?
En Jaén.
6 ¿. . .?
En el interior de Andalucía.
7 ¿. . .?
Al sur de Francia.
8 ¿. . .?
No, voy con unos amigos.
9 ¿. . .?
Sí, voy todos los años.
10 ¿. . .?
Unos meses.
11 ¿. . .?
Planto arroz con mis amigos.

F Lo que me gusta y lo que no me gusta.
What I like and what I dislike.

Study carefully § 97 and then write or say what you like and dislike under the following headings:

1 features of Madrid shown in the photos in Lesson 19
2 clothing (Lesson 12)
3 the school time-table (Lesson 14)
4 furniture (Lesson 24).

For 2 and 4 provide your own illustrations if you like, but *these must show articles you can name in Spanish.*

Ejercicios de repaso

Lecciones 14-27

A Conteste a las preguntas.

1 ¿Cuántas clases de español tiene usted por semana? ¿Qué días las tiene usted?
2 ¿Cuándo tiene usted exámenes? ¿Qué exámenes tiene?
3 ¿En que región de España hay muchas industrias? ¿Por qué?
4 ¿Cómo se llama un edificio muy alto como la Torre de Madrid?
5 ¿Qué problema grave hay en Madrid y en otras grandes ciudades?
6 ¿Cuál es el museo de arte más importante de Madrid?
7 En una estación de ferrocarril: ¿Dónde sacan los viajeros sus billetes? ¿Dónde compran bocadillos? ¿Dónde ven las horas de llegada y salida de los trenes?
8 ¿Cómo puede usted ir a Londres desde la ciudad (o el pueblo) donde vive?
9 ¿Qué es Barajas?
10 ¿Dónde se cultivan olivos? ¿Cómo se llama la fruta del olivo? ¿Qué se produce con esta fruta?

B Ampliación

Sentence building. Starting with the name of a country from the map on p. 27 of the Workbook and using only words and constructions already learnt and, if you like, those given below, build up sentences and paragraphs. The following is a guide as to the method, not necessarily the type of subject matter, to be used:
Italia: Voy a Italia – voy a Italia en coche – en julio voy a Italia en coche – en julio voy a Italia en coche con tres amigos. Vamos a visitar Roma – . . . Roma, la capital . . . Roma, la capital, una gran ciudad . . . una gran ciudad muy interesante, etc.
useful words:
la flor flower *el lago* lake *la montaña* mountain

C Situaciones

a En la portería
You are Carmen who arrives with a friend at a block of flats to visit Mr. and Mrs. Coronado. Ask the caretaker on what floor they live. Then ask where the lift is and when you are told it is out of order, say you will (both) walk up.

Carmen ¿. . .?
Portera En el tercero derecha.
Carmen ¿. . .?
Portera Allí a la izquierda, pero no funciona.
Carmen . . .

b En el metro
You are Gabino. In a Madrid underground train you meet unexpectedly a friend from the north of Spain. Ask him where he has come from and where he is going. Say you are going to work and have to change at Bilbao (underground) station, but invite your friend to visit you one day. Give your phone number when he asks for it and say goodbye, see you soon.

Gabino ¡. . .! ¿. . .?
Amigo Vengo de Burgos; acabo de llegar
Gabino ¿. . .?
Amigo Voy al Hotel Velázquez en la Gran Vía
Gabino . . . . ¿. . .?
Amigo Sí, muy bien ¿Me das tu número de teléfono?
Gabino . . . . ¡. . .!

c En la agencia de viajes
You are Mercedes. Ask how you can get to Gijón from Madrid by train. When the clerk replies, say the Talgo is expensive, isn't it? When the clerk mentions the *expreso*, ask whether a first class seat in that train is cheaper than a second class Talgo seat; when the clerk says it is, ask for a first class ticket for the *expreso* for the 15th October.

Mercedes ¿. . .?
Empleado Tiene usted el Talgo que sale de Madrid a las 14,10.
Mercedes . . . . ¿. . .?
Empleado Sí, el expreso que sale a las 22,15 es más barato.
Mercedes ¿. . .?
Empleado Sí, señorita.
Mercedes . . . .
Empleado Muy bien, señorita, en seguida.

D

Write a short story based on the following outline and your answers to the questions. Change the names and sex of the characters if you like.

Paco, que vive en Segovia, va a Madrid a estudiar. Las clases empiezan el día 16 de septiembre. Paco va a la estación de Segovia el día 14 por la tarde.

¿Qué equipaje lleva?
¿Qué billete saca?
¿Qué ve en la estación?

Cuando llega a Madrid a las 19:30, ¿cómo va a la residencia de estudiantes (students' hostel)?

Mientras está cenando en la residencia, encuentra a Fernando, otro chico de Segovia.

¿Qué dicen Paco y Fernando?

El día 15, Paco y Fernando pasean por Madrid.

¿Qué tiempo hace?
¿Adónde van?
¿Qué ven?

Encuentran más tarde a Gabriel, un amigo de Fernando.

¿Dónde lo encuentran?
¿Qué dicen?
¿Aónde van? (¿a casa de Gabriel, al cine, a la discoteca etc.?)

E El sitio donde vivo

After a conversation with your partner based on the following questions and your answers, compose a short talk in Spanish on the place where you live. See Grammar § 92 and the vocabulary below.

¿Dónde vive usted, en una ciudad grande o sus barrios satélites, en una población o en un pueblo pequeño?
¿En qué región está, en las tierras altas de Escocia, en el norte de Gales, en la costa del Kent o en el centro de Irlanda?
¿Qué edificios interesantes hay allí? ¿Hay iglesias antiguas, un museo de arte o un edificio muy moderno?
¿Qué más hay allí? ¿Hay escuelas primarias, colegios, un hospital, fábricas, hoteles y supermercados, una estación de ferrocarril?
¿Qué deportes se pueden hacer? ¿Hay un campo de deportes donde se puede jugar al fútbol y al tenis, una piscina donde se puede nadar, un río donde se puede pescar y un parque donde se puede pasear?
¿Cómo se puede pasar la tarde allí? ¿Se puede tocar la guitarra y cantar? ¿Se puede bailar en la discoteca? ¿Se puede ir al teatro, al cine, al "pub" o al bar con los amigos?

la población town	*tocar la guitarra* to play the guitar
nadar to swim	*cantar* to sing
	bailar to dance

F

Look at these objects for one minute, then cover the drawing and list as many of them as you can in Spanish.

28 En la aduana

A – D possessive pronouns § 41

A *suyo – suya* (singular, plural)
revision: *este* § 33

Pregunte y conteste como en el ejemplo.
Form questions and answers as in no. 1.

1 A ¿De quién es este **bolso**? ¿Es de **María**?
B Sí, creo que es suyo.

1 3

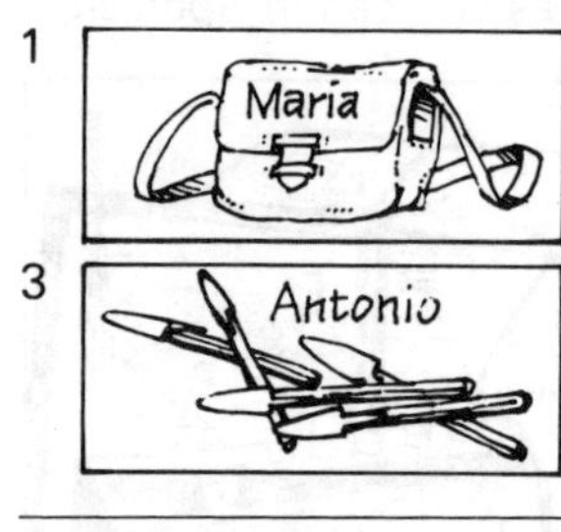

2 4

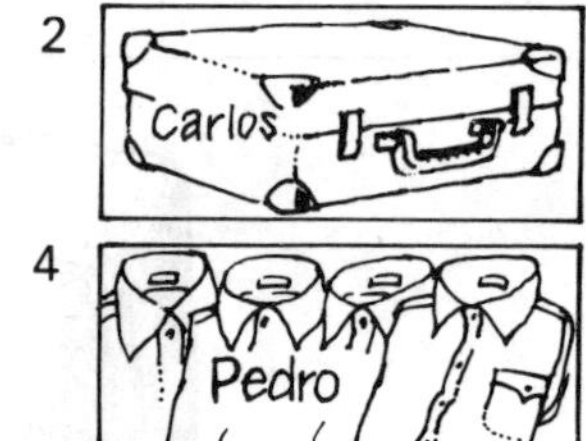

B *mío – tuyo* (singular, plural)
revision: *ese* § 35

Construya diálogos como el ejemplo.
Make up dialogues as shown.

1 A Aquí está tu **reloj**.
B Ese reloj no es mío.
A ¿No es tuyo? ¿De quién es?
B No sé, pero no es mío. El mío está aquí.

1 3

2

4

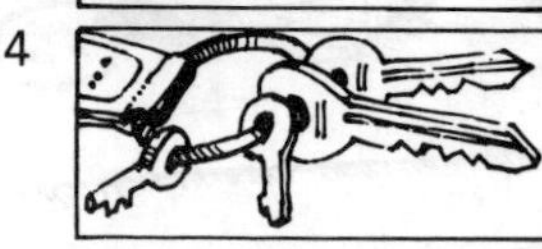

C *mío, suyo* = yours (singular and plural)
revision: *ese* § 35

Trabaje como en **B**.
Work as in **Ex. B**.

1 A Aquí está su **libro**.
B Ese libro no es mío.
A ¿No es suyo? ¿De quién es?
B No sé, pero no es mío. El mío está aquí.

2

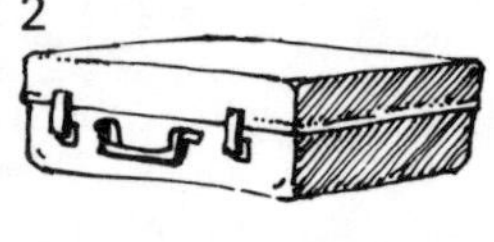

3

4

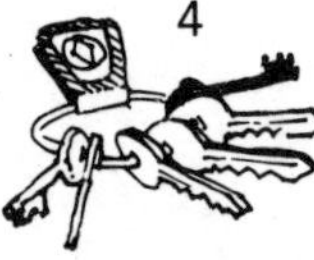

D *suyo* = yours, *mío* (singular, plural)
revision: *acabar de* § 57
este § 33

Trabaje como en **C**.
Work as in **Ex. C** addressing *señor, señora* or *señorita*.

(En la calle)

1 A Perdone usted . . .
B ¡Diga, **señora**!
A Acabo de encontrar estas **llaves**. ¿Son suyas?
B Sí, son mías. ¡Muchas gracias!

llaves

2 billetes 3 carta 4 reloj 5 bolígrafo

29 Algo diferente

A Conteste a las preguntas.
Answer the questions.

1 ¿Dónde viven los señores Cornello?
2 ¿Tienen hijos?
3 ¿Los padres están en casa hoy?
4 ¿Cuándo van a volver?
5 ¿Quiénes van a preparar la comida?
6 ¿Qué comida hacen casi siempre?
7 ¿Qué van a preparar hoy?
8 ¿Las chicas saben hacer paella?
9 ¿En qué libro miran?
10 ¿Qué hace Luisa para acordarse de lo que van a comprar?
11 ¿Van a comprar muchas cosas para la paella? ¿Qué van a comprar además?
12 ¿Qué van a preparar para el postre?

B – C future expressed by *ir a* + infinitive § 54
object pronouns § 28c

B Pregunte y conteste como en el ejemplo.
Form questions and answers as in no. 1.

1 A ¿Compras **el pollo** hoy?
B No, voy a comprarlo mañana.

pollo

2 arroz 5 pimientos
3 gambas 6 limón
4 tomates 7 sal

C revision: days of the week § 3d

Trabaje como en **B**.
Work as in **Ex. B**.

1 A ¿Vais a comprar **el vino tinto** hoy?
B Hoy no, vamos a comprarlo el **lunes**.

vino tinto – lunes

2 naranjas – miércoles
3 plátanos – jueves
4 uvas – viernes

D expressions of quantity + *de* § 6

List the ingredients required for a paella. Begin: "Para hacer una paella hay que tomar un pollo, cuatro tazas . . .", etc.

De compras

Conteste a las preguntas.
Answer the questions.

1 ¿Adónde van Luisa y Emilia?
2 ¿Dónde está el supermercado?
3 ¿Dónde viven las chicas?
4 ¿Dónde pone Luisa lo que compra?
5 ¿Qué necesita?
6 Emilia compra la fruta. ¿Dónde la pone?
7 ¿Dónde pagan las chicas?
8 ¿A quién dan el dinero?
9 ¿En qué llevan la comida?
10 ¿Vuelven a casa las dos?
11 ¿Adónde va Luisa?
12 ¿Va a pie?
13 ¿Qué más piensa comprar Luisa?

En el puesto de pescado

expressions of quantity + *de* § 6

Construya diálogos como el ejemplo.
Make up dialogues as shown.

1 A Póngame **un kilo y medio** de **gambas**, por favor.
B Muy bien. ¿Desea algo más?
A No, gracias, no quiero nada más. ¿Cuánto es?
B Son 180 **pesetas**.

$1\frac{1}{2}$ kilo – gambas – 180 ptas.

2 $\frac{1}{2}$ kilo – calamares – 125 ptas.
3 1 kilo – sardinas – 80 ptas.

Listening test

1 ¿Qué compra Rosario?
a gambas
b naranjas
c sardinas

2 ¿Cuántas compra?
a 1 kilo
b $\frac{1}{2}$ kilo
c $1\frac{1}{2}$ kilo

3 ¿Cuánto paga en total?
a 120 ptas.
b 80 ptas.
c 220 ptas.

En la cocina

A perfect of *-ar* verbs
present of *haber* § 74

Pregunte y conteste como en el ejemplo.
Form questions and answers as in no. 1.

1 A ¿Has comprado **el pollo**?
B El pollo sí, pero he olvidado **las gambas**.

pollo – gambas

2 arroz – azafrán
3 plátanos – uvas
4 pescado – fruta
5 naranjas – gambas

B – C perfect of *-ar* verbs, object pronouns §§ 54, 28b

B future with *ir a* + infinitive § 54

Trabaje como en **A**.
Work as in **Ex. A**.

1 A ¿Cuándo vas a comprar **el pollo**?
B Ya lo he comprado.

2

3

4

5

C Trabaje como en **B**.
Work as in **Ex. B**.

1 A ¿Vais a comprar **el vino** hoy?
B Ya lo hemos comprado.

2 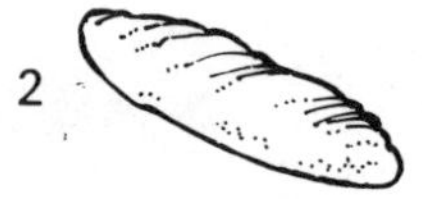 3 

4  5 

D perfect of *-er* verbs, object pronouns §§ 56a, 28b

Trabaje como en **C**.
Work as in **Ex. C**.

1 A ¿Cuándo va usted a vender **el coche**?
B Ya lo he vendido.

coche

2 bicicleta 3 moto 4 piso 5 casa

E Trabaje como en **D**.
Work as in **Ex. D**.

1 A ¿Cuánto cuesta **el coche blanco**?
B Ya lo hemos vendido.

el coche blanco

2 la bicicleta azul 3 los sillones rojos

F perfect of *-ir* verbs § 56b
revision: personal *a* § 96

Construya diálogos como el ejemplo.
Make up dialogues as shown.

1 A ¿Cuándo vais a buscar a **Elena**?
B Ya ha venido.
A ¿Ha venido **Pepe** también?
B Sí, ha venido **a pie**.

Elena – Pepe – a pie

2 Miguel – Luis – en metro
3 las chicas – Carmen – en taxi
4 los chicos – la señora de Gómez – en autobús

buscar to fetch

G – H perfect, negative form, object pronouns §§ 56a, 28b

G Pregunte y conteste como en el ejemplo.
Form questions and answers as in no. 1.

1 A Y **el limón**, ¿no lo hemos comprado?
B Ay, lo hemos olvidado.

2  3 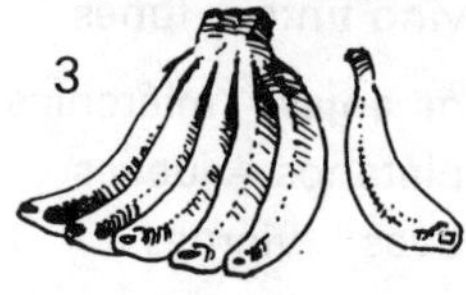

4  5  6

H future with *ir a* + infinitive § 54

Construya diálogos como el ejemplo.
Make up dialogues as shown.

1 A ¿Has comprado **el vino**?
B No, todavía no lo he comprado.
A Pues, tienes que comprarlo.
B Ya sé, voy a comprarlo mañana.

2  3 

4 5

I perfect of reflexive verbs § 26b, c

Pregunte y conteste como en el ejemplo.
Form questions and answers as in no. 1.

1 A ¿A qué hora va a **levantarse Pedro**?
B Pero si ya se ha levantado.

levantarse Pedro

2 despertarse Antonia
3 lavarse Carlos
4 afeitarse Eulogio y su padre
5 acostarse Álvaro
6 irse Luisa y Emilia

En el comedor

A object pronouns with the present participle § 52, 28e

Pregunte y conteste como en el ejemplo.
Form questions and answers as in no. 1.

1 A ¿Pones **el mantel nuevo**?
B Estoy buscándolo, pero no lo encuentro.

el mantel nuevo

2 servilletas azules
3 tazas nuevas
4 vasos pequeños
5 platos grandes

B perfect of *poner*, object pronouns §§ 80, 28b

Pregunte y conteste como en el ejemplo. Mire el dibujo en la Lección 24 del libro de texto.
Using suitable names of articles and rooms from Lesson 24, form questions and answers as shown.

A ¿Dónde está **la radio**?
B Ana la ha puesto en **la cocina**.

A la mesa

A – D irregular past participles

A object pronouns with the infinitive § 28c

Conteste a las preguntas como en el ejemplo.
Answer the questions as in no. 1.

1 A ¿Has escrito la carta?
B No. Me he olvidado de escribirla.
2 ¿Has puesto la mesa?
3 ¿Has hecho la cama?
4 ¿Has abierto la ventana?

olvidarse de hacer algo to forget to do something

B Conteste a las preguntas como en el ejemplo.
Answer the questions as in no. 1.

1 A ¿Van a hacer la paella las chicas?
B Ya la han hecho.
2 ¿Va a escribir la carta tu hermano?
3 ¿Va a poner la mesa Luisa?
4 ¿Va a abrir las botellas Emilia?
5 ¿Cuándo van a volver sus padres?
6 ¿Cuándo van a ir al mercado?

C Complete las preguntas y conteste como en el ejemplo.
Complete the questions and answer them as in no. 1.

1 A ¿Ya has hecho el flan? (hacer)
B Sí, lo he hecho esta mañana.
2 A ¿Ya ha . . . la carta Eva? (escribir)
B Sí, la ha . . . esta mañana.
3 A ¿Dónde ha . . . usted el sillón? (poner)
B Lo he . . . en el dormitorio.
4 A ¿Ya han . . . la botella Luis y Ana? (abrir)
B Sí, la han . . . esta mañana.
5 A ¿Quién ha . . . que va a llover? (decir)
B Lo han . . . por la radio.
6 A ¿Ya ha . . . la cama Pedro? (hacer)
B Sí, la ha . . . esta mañana.

D changing from the present to the perfect tense

Lea este texto:
Read this text:

Luisa y Emilia bajan al supermercado. Luisa pone en el carrito lo que compra. Emilia toma una canastilla para la fruta. Pasan por la caja. ¿Qué hacen allí? Pagan. La cajera abre una bolsa de plástico y pone allí todo lo que compran las chicas. Las chicas salen. Emilia vuelve a casa. Pero Luisa va al mercado. Toma un microbús.

State what the girls have done this morning. Put the verbs into the perfect tense.

"Esta mañana Luisa y Emilia . . ."

E *ser – estar* §§ 93–95

Rellene con la forma correcta de *ser* o *estar*.
Complete with the correct form of *ser* or *estar*.

1 Las chicas . . . españolas.
2 Las blusas que llevan . . . muy caras.
3 ¿Por qué no lavas estas tazas? . . . muy sucias.
4 Su bicicleta . . . nueva y ya . . . rota.
5 La bicicleta . . . blanca.
6 El azúcar . . . dulce.
7 ¿Quién ha puesto azúcar en mi café? El café . . . muy dulce.
8 Benito Sánchez . . . periodista.
9 Los padres de Benito . . . muy altos, y él también . . . alto.
10 Este té . . . frío.
11 En Andalucía la tierra . . . mal repartida.
12 Este asiento . . . ocupado, pero aquel asiento . . . libre.
13 ¡Camarero, este bistec . . . muy salado!
14 El coche de Carlos . . . verde, y siempre . . . sucio.

15 La farmacia . . . abierta hoy.
16 Mira, ¡qué gris . . . el cielo ahora!
17 Estos chicos me gustan. . . . muy simpáticos.
18 Alberto . . . contento. Ha encontrado un trabajo.
19 El cine . . . nuevo.

Al teléfono

A *estar* + past participle § 95b

Construya diálogos como el ejemplo.
Make up dialogues as shown, using any names you like.

1 A ¡Dígame!
B Hola, soy **Merche**. Oye, **el club** está cerrado hoy.
A Vamos a **la discoteca** entonces.
B Sí, muy bien. ¿Te parece bien a **las nueve**?
A Sí. ¿Dónde nos vemos?
B En la entrada, ¿no?
A Sí, hasta luego.

club – discoteca – 21:00

2 piscina – club – 15:00
3 discoteca – cine – 22:00
4 club – biblioteca – 17:00

B perfect of *ver* § 90
revision: object pronouns (persons and things) § 27–28

Pregunte y conteste como en el ejemplo.
Form questions and answers as in no. 1.

1 A ¿Has visto **la película del Savoy**?
B No, todavía no la he visto.

la película del Savoy

2 la película del Astoria
3 Jaime
4 su nuevo SEAT
5 las chicas suecas
6 el nuevo edificio

30 El este

A Write in English a summary of what you have read in Lesson 30 about eastern Spain.

B numbers 1 000 – 1 000 000 § 16

Lea.
Read aloud.

a 1 000 tomates
b 10 000 cebollas
c 50 000 naranjas
d 100 000 limones
e 200 000 plátanos
f 300 000 uvas
g 1 000 000 de toneladas de naranjas
h 5 000 000 de mandarinas

C Conteste a las preguntas.
Answer the questions.

1 ¿Dónde están Cataluña y Valencia?
2 ¿Vive mucha gente en estas regiones?
3 ¿Hay muchos turistas todo el año?
4 ¿Qué lenguas se hablan allí?
5 ¿Qué industrias hay en Cataluña?
6 ¿Cuál es la industria más conocida? ¿Dónde está?
7 Hay muchos inmigrantes en Cataluña. ¿Por qué?
8 ¿De dónde son los inmigrantes?
9 ¿Qué es una huerta?
10 ¿Por qué han construido sistemas de riego?
11 ¿Dónde está la huerta más rica?
12 ¿Qué se cultiva allí?
13 ¿Adónde se exporta la fruta?
14 ¿Cuántas toneladas de fruta exporta España al año? (naranjas: más de 1 000 000; mandarinas: 300 000; limones: 100 000)
15 ¿Qué más da la tierra?

D *¿se cultiva o se cultivan?* § 92

Rellene con las formas correctas.
Rewrite, supplying the correct form of the expression above.

1 A En Castellón hay limones.
B Sí, y también **se cultivan** naranjas.

2 A En el centro hay trigo.
B Sí, y también . . . olivos.

3 A En el sur hay fruta.
Sí, y también . . olivos y trigo.

4 A En Castilla la Nueva hay vino.
B Sí, y también . . . trigo.

5 A En la huerta valenciana hay cebollas.
B Sí, y también . . . arroz.

Los Caballé

A Conteste a las preguntas.
Answer the questions.

1 ¿Dónde viven los Caballé?
2 ¿Son pescadores?
3 ¿Tienen una finca grande?
4 ¿Qué cultivan?
5 ¿Cuánta fruta recogen en febrero?
6 ¿Cómo transportan la fruta a la ciudad?
7 ¿Ha venido alguien hoy a buscar las cajas?
8 ¿Quién va a llevarlas entonces?
9 ¿Cómo va a llevarles?

B revision: *no . . . nunca* § 99b; some irregular verbs.

Conteste a las preguntas como en el ejemplo.
Answer the questions as in no. 1.

1 A ¿Por qué no compras el ABC?
B Porque no me gusta. No compro nunca el ABC.
2 A ¿Por qué no haces la cama?
B . . .
3 A ¿Por qué no pones la mesa?
B . . .
4 A ¿Por qué no sales con Antonio?
B . . .
5 A ¿Por qué no dices adónde vas?
B . . .
6 A ¿Por qué no vas al club?
B . . .

C – D *alguien – nadie* § 37
revision: direct object pronouns § 27

C Pregunte y conteste como en el ejemplo.
Form questions and answers as in no. 1.

1 A ¿Ha **buscado las cajas** alguien?
B No, todavía no las ha buscado nadie.
buscar las cajas
2 preparar la cena
3 traer el café
4 encontrar las camisas
5 comprar el periódico

D revision: perfect tense of irregular verbs.

Pregunte y conteste como en el ejemplo.
Form questions and answers as in no. 1.

1 A ¿Ha **traído el postre** alguien?
B No, todavía no lo ha traído nadie.
traer el postre
2 hacer el flan
3 abrir las botellas
4 poner la mesa
5 ver la película
6 escribir la carta

31 El ministro

A perfect of *ver* + object pronouns § 28b

Lines 1–7

Pregunte y conteste como en el ejemplo.
Form questions and answers as in no. 1.

1 A ¿El señor ha visto **la escuela**?
B No, no la ha visto.
la escuela

2 las cinco escuelas
3 la fábrica
4 la universidad
5 el hospital

B – C revision: perfect tense

B *alguna – ninguna, algún – ningún* § 38

Pregunte y conteste como en los dos ejemplos.
Form questions and answers as in nos. 1 and 2.

1 A ¿Has visto alguna fábrica nueva allí?
B No, allí no he visto ninguna fábrica nueva.
2 A ¿Has visto algún hospital nuevo allí?
B No, allí no he visto ningún hospital nuevo.

1 fábrica nueva
2 hospital nuevo
3 universidad nueva
4 hotel nuevo
5 cine nuevo
6 biblioteca nueva
7 aeropuerto nuevo
8 piscina nueva

C *alguno de – ninguno de* § 38

Conteste a las preguntas como en el ejemplo.
Answer the questions as in no. 1.

1 A ¿Quién ha roto el plato? ¿Alguno de vosotros?
B No, ninguno de nosotros.
2 A ¿Quién ha puesto las naranjas aquí? Alguno de vosotros?
B . . . de nosotros.
3 A ¿Quién ha hecho esto? ¿A . . . de los chicos?
B . . . de ellos.
4 A ¿Quién ha escrito la carta? ¿A . . . de las chicas?
B . . . de ellas.
5 A ¿Quién ha abierto las cajas? ¿A . . . de ustedes?
B . . . de nosotros.

D *ninguno – ninguna* § 38

Construya diálogos como el ejemplo.
Make up dialogues as shown.

(En una tienda)

1 *El dependiente* ¿Qué desea?
El cliente Una camisa verde.
El dependiente Lo siento, no queda ninguna.

camisa verde

2 traje negro
3 jersey azul
4 blusa blanca

lo siento I'm sorry

E Answer the following questions fully, including as many actions as possible. Answer nos. 1 and 2 as though you were the people addressed.

1 (a Carlos, Lección 14): ¿Qué has hecho en casa hoy (miércoles) a mediodía?
2 (a Álvaro, Eulogio y Dolores, Lección 18): Ahora son las ocho de la mañana; ¿qué han hecho ustedes con la pesca de hoy?
3 (Lección 29) Ahora son las dos; ¿qué han hecho Emilia y Luisa esta mañana?

32 Billetes y monedas

A – B indirect object pronouns, 3rd person, singular and plural § 30

A Conteste a las preguntas como en el ejemplo.
Answer the questions as in no. 1.

1 A ¿El empleado puede cambiar el cheque **al señor Bernal**?
B Sí, **le** puede cambiar el cheque.
2 A ¿El señor Bernal firma el cheque **al empleado**?
B Sí, . . .
3 A ¿El señor Bernal da el pasaporte **al empleado**?
B No. . . .
4 A ¿La señora Bernal da su pasaporte **al empleado**?
B Sí, . . .
5 A ¿Qué devuelve el empleado **a la señora**?
B . . . el pasaporte.
6 A ¿Qué entrega **al señor Bernal**?
B . . . un ticket.
7 A ¿El empleado entrega el dinero **a los Bernal**?
B No, . . .
8 A ¿Quién entrega el dinero **a los Bernal**?
B El cajero . . .
9 A ¿El cajero puede cambiar el billete **al señor**?
B Sí . . .

B Conteste a las preguntas como en el ejemplo.
Answer the questions as in no. 1.

1 A ¿Devuelves todo el dinero **a Carlos**?
B No, sólo le devuelvo cincuenta pesetas.

2 A ¿Devuelve usted todo el dinero a Elena?
B No, . . .

3 A ¿Devuelve usted todo el dinero a los Gómez?
B No, . . .

4 A ¿Devuelves todo a las chicas?
B No, . . .

C indirect object pronouns with the infinitive § 31c

Construya frases como en el ejemplo.
Make up sentences as in no. 1.

1 **Pedro** quiere más café. Haga el favor de dar**le** un poco más.
2 Quiero más té. Haga . . .
3 Los chicos quieren más naranjada. Haga . . .
4 Las chicas quieren más leche. . . .
5 Nosotros queremos más vino. . . .

D* *algunos – algunas; ninguno – ninguna* § 38
revision: adjectives of nationality § 7b, 8

Mire la foto en la página 53 del libro de texto. Construya diálogos como el ejemplo.
Referring to the photo on p. 53 of the Student's Book, make up dialogues as in no. 1.

1 A ¿Lleva usted dinero extranjero?
B Sí, tengo algunas **coronas suecas**.
A ¿Y **dólares**?
B No, ninguno.

coronas suecas – dólares

2 francos franceses – libras 3 pesos argentinos – marcos

la corona crown *el marco* mark
la libra (esterlina) pound (sterling)

Continue, using any types of currency listed.

E* revision: numbers § 16

Construya diálogos como el ejemplo.
Make up dialogues as in no. 1.

1 A ¿Me puede cambiar este billete de **quinientas** en monedas?
B ¿Las quiere de **cien**?
A Sí, por favor, y algunas de **cincuenta**.
500 – 100 – 50

2 1 000 – 25 – 10
3 100 – 10 – 5

F – H *gustar* + indirect object § 97, 30

F revision: adjectives of colour § 7a

Conteste a las preguntas como en el ejemplo.
Answer the questions as in no. 1.

1 A ¿Te gusta la falda verde? (rojo)
B Sí, pero me gusta más la roja.

2 A ¿Te gusta la camisa blanca? (azul)
B . . .

3 A ¿Os gusta el jersey amarillo? (blanco)
B . . .

4 A ¿Os gusta el traje negro? (gris)
B . . .

5 A ¿A Carmen le gusta la falda gris? (rojo)
B . . .

6 A ¿A las chicas les gusta la blusa roja? (gris)
B . . .

G* revision: adjectives of colour § 7a, 8

Mire la página 21 del libro de texto.
Conteste a las preguntas como en el ejemplo.
Referring to the illustrations on p. 21 of the Student's Book, answer the questions as in no. 1.

1 A ¿No te gustan los jerseys azules? (negro)
B No, me gustan más los negros.

2 A ¿Nos os gustan los calcetines blancos? (rojo)
B . . .

3 A ¿A usted no le gustan las faldas verdes? (gris)
B . . .

4 A ¿A las chicas no les gustan las blusas grises? (blanco)
B . . .

5 A ¿A Federico no le gustan las corbatas azules? (rojo)
B . . .

6 A ¿A Isabel no le gustan los leotardos rojos? (blanco)
B . . .

7 A ¿A los chicos no les gustan los pantalones grises? (negro)
B . . .

8 A ¿A ustedes no les gustan las gabardinas blancas? (gris)
B . . .

H Conteste a las preguntas como en el ejemplo. Rellene con las formas correctas.
Complete the questions correctly and answer them as in no. 1.

1 A ¿No te gusta el vino tinto? (vino blanco)
B Sí, pero me gusta más el vino blanco.

2 A ¿No te gustan las sardinas? (gambas)
B . . .

3 A ¿No te . . . el jerez? (vino tinto)
B . . .

4 A ¿No te . . . gambas? (calamares)
B . . .

5 A ¿No te . . . la naranjada? (el agua mineral)
B . . .

6 A ¿No te . . . las mandarinas? (naranjas)
B . . .

I* *gustaría* + indirect object pronouns § 32b
revision: *venir* § 89; *poder* § 50b

Pregunte y conteste como en el ejemplo.
Form questions and answers as in no. 1.

1 A ¿Vienes el **lunes**?
B Me gustaría venir, pero no puedo.
(tú) – lunes

2 usted – martes
3 Elena – miércoles
4 Elena y Luis – jueves
5 (vosotros) – viernes

33 Deporte y tapas

A Conteste a las preguntas.
Answer the questions.

Lines 1–4

1 ¿Dónde está la familia Álvarez?
2 ¿El camarero les presta mucha atención?
3 ¿Qué está haciendo el camarero?

* *Lines 6–20*

4 ¿Qué dan en la televisión?
5 ¿Qué etapa es?
6 ¿Quién es el líder?
7 ¿Por qué no sabe el camarero si va a ganar?
8 ¿El camarero es muy aficionado al ciclismo?
9 ¿Practica algún deporte?
10 ¿Y sus hijos?
11 ¿En qué club juega su hijo mayor?
12 ¿Qué ha ganado?

B – C* *jugar a* § 49c

B* *vez – veces* (spelling changes) see p. 81.

Pregunte y conteste como en los ejemplos.
Form questions and answers as in nos. 1 and 4.

1 A ¿Practicas algún deporte?
B Sí, juego **al fútbol una vez** a la semana.

fútbol – una vez

2 tenis – dos veces
3 hockey sobre hielo – una vez

4 A ¿Practicáis algún deporte?
B Sí, jugamos **al tenis tres veces** a la semana.

tenis – tres veces

5 fútbol – una vez
6 hockey sobre hielo – dos veces

a la semana weekly
el hockey sobre hielo ice hockey

C* *aficionado a; pero . . . sí*

Construya diálogos como el ejemplo.
Make up dialogues as shown.

1 A ¿Eres muy aficionado **al ciclismo**?
B Sí, pero me gusta más **el fútbol**.
A ¿Lo practicas?
B Yo no, pero **mi hermano** sí juega al fútbol.

ciclismo – fútbol – mi hermano

2 ciclismo – tenis – mi hermana
3 fútbol – hockey sobre hielo – Carlos y Luis

Lines 21–40

D – F personal pronouns after prepositions § 24

D Conteste a las preguntas como en el ejemplo.
Answer the questions as in no. 1.

1 A ¿Qué trae el camarero para el señor Álvarez?
B Para él una cerveza.

2 A ¿Qué trae el camarero para la señora?
B . . . una copita de jerez.

3 A ¿Qué trae el camarero para los niños?
B . . . un helado y una horchata.

4 A ¿Qué trae el camarero para el chico?
B . . . un helado.

E Construya diálogos como el ejemplo.
Make up dialogues (about types of ice cream) as shown.

1 A ¿Queréis helados?
B Sí, para mí uno de **vainilla**.
A ¿Y para ti, Ana?
B Para mí uno de **chocolate**.

vainilla – chocolate

2 cafe – plátano
3 almendra – limón

F Construya diálogos como el ejemplo.
Make up dialogues as in no. 1.

1 A ¿**El jerez** es para **el joven**?
B Sí, es para él.
A ¿Y **los helados** son para **vosotros**?
B Sí, son para nosotros.

el jerez – el joven
los helados – vosotros

2 el vino tinto – la chica
el refresco – los chicos

3 los calamares – ustedes
las almendras – los niños

4 el helado – el chico
la horchata – usted

5 la limonada – la señora
la naranjada – Luis

G – I revision: *gustar* §§ 97–98
present of *preferir* § 51a

G Pregunte y conteste como en el ejemplo.
Form questions and answers as in no. 1.

1 A ¿Te gustan **los mejillones**?
B Sí, pero ahora prefiero **unas almendras**.
mejillones – almendras
2 sardinas – calamares
3 gambas – sardinas
4 naranjada – limonada

H Trabaje como en **G**.
Work as in **Ex. G**.

1 A ¿Os gusta **el vino tinto**?
B Sí, pero ahora preferimos **un vaso de vino blanco**.
vino tinto – vaso de vino blanco
2 limonada – naranjada
3 cortado – café con leche
4 jerez – vermú

I Trabaje como en **H**.
Work as in **Ex. H**.

1 A ¿A los chicos les gusta **la horchata**?
B Sí, pero ahora creo que prefieren **un helado**.
horchata – helado
2 limonada – naranjada
3 gambas – mejillones
4 chocolate – té con limón

J *a* + personal pronouns § 24
revision: doubling of pronouns for emphasis § 29; *conocer* § 68; *personal a* § 96

Pregunte y conteste como en el ejemplo.
Form questions and answers as in no. 1.

1 A ¿Conoces a **Luisa**?
B ¿A Luisa? No, a ella no la conozco, pero **a sus padres** sí.
Luisa – sus padres
2 Carmen – su novio
3 Joaquín – sus hermanos
4 los Gómez – sus hijos
5 las chicas – su hermano

En el aparcamiento

con + personal pronouns § 24
revision: *ninguno de* § 38

Pregunte y conteste como en el ejemplo.
Form questions and answers as in no. 1.

1 A *Él* ¿Vienes conmigo o con **Luisa**?
B *Ella* ¿Contigo o con ella? No voy con ninguno de vosotros. Voy **a pie**.
Luisa – a pie
2 Pedro – en metro
3 las chicas – en taxi
4 los chicos – en autobús

*34 Una página escogida

Say in Spanish whether you like or dislike each of the things or people liked or disliked by Elena and María. If necessary, adapt slightly; e.g. *hombres* may be replaced by *chicas*.

35 Consultorio

Lines 1–12

A Conteste a las preguntas.
Answer the questions.

1 ¿Cuántos pacientes están esperando al médico?
2 ¿Dónde están?
3 ¿Por qué está allí el primer paciente, don Alfredo?
4 ¿Qué le hace el médico al paciente?
5 ¿Tiene algo grave don Alfredo?

Lines 1–14

B Positive imperative (*usted*, *ustedes*) of – *ar* verbs § 6

Conteste a las preguntas como en los dos ejemplos.
Answer the questions as in nos. 1 and 2.

1 A No me encuentro bien. Quizás trabajo demasiado.
B Bueno, pues trabaje menos.
2 A No nos encontramos bien. Quizás trabajamos demasiado.
B Bueno, pues trabaj*en* menos.

3 A No me encuentro bien. Quizás fumo demasiado.
B . . .
4 A No me encuentro bien. Quizás tomo demasiado café.
B . . .
5 A No nos encontramos bien. Quizás estudiamos demasiado.
B . . .
6 A No nos encontramos bien. Quizás tomamos demasiado café.
B . . .

Lines 1–15, p. 57

C – D positive imperative (*usted, ustedes*) of *-er* and *-ir* verbs § 65

C Trabaje como en **B**.
Work as in **Ex. B**.

1 A Me duele el estómago. ¿Como demasiado?
B Bueno, pues com*a* menos.
2 A Me duelen los ojos. ¿Leo demasiado?
B . . .
3 A Estoy muy cansado. Duermo muy poco.
B . . . más.
4 A Me duelen las manos. ¿Escribo demasiado?
B . . .
5 A Me duele el estómago. ¿Bebo demasiado?
B . . .

D Trabaje como en **C**.
Work as in **Ex. C**.

1 A Nos duele el estómago. ¿Comemos demasiado?
B Bueno, pues coman menos.

2 A Nos duelen los ojos. ¿Leemos demasiado?
B . . .
3 A Estamos muy cansados. Dormimos muy poco.
B . . . más.
4 A Nos duelen las manos. ¿Escribimos demasiado?
B . . .

E – F negative imperative (*usted, ustedes*) of *-ar, -er* and *-ir* verbs § 65a

E Pregunte y conteste como en el ejemplo.
Form questions and answers as in no. 1.

1 A ¿Puedo trabajar?
B Sí, pero hoy no trabaje.

2 ¿Puedo escribir?
3 ¿Puedo comer?
4 ¿Puedo leer?
5 ¿Puedo tomar café?
6 ¿Podemos fumar?
7 ¿Podemos beber?
8 ¿Podemos escribir?
9 ¿Podemos hablar?

Lines 1–15, p. 57

F revision: object pronouns § 65c; *este* § 33

Trabaje como en **E**.
Work as in **Ex. E**.

1 A ¿Puedo **comer** estas **naranjas**?
B No, no las coma usted.
comer . . . naranjas

2 beber . . . vino
3 leer . . . libros
4 abrir . . . ventana
5 tomar . . . pastillas
6 beber . . . agua (§4a)

G positive imperative (*usted*) of reflexive *-ar* verbs § 65a

Trabaje como en **E**.
Work as in **Ex. E**.

1 A ¿Me quedo?
B Sí, quédese.
quedarse

2 sentarse
3 levantarse
4 lavarse
5 afeitarse
6 acostarse

H positive imperative of some irregular verbs

Conteste a las preguntas como en el ejemplo.
Answer the questions as in no. 1.

1 A ¿Le hago una paella? (valenciana)
B Sí, por favor, hágame una paella valenciana.

2 ¿Le traigo una cerveza? (bien fría)
3 ¿Le doy un bocadillo? (de jamón)
4 ¿Le pongo gambas? ($\frac{1}{2}$ kilo)
5 ¿Le digo dónde está el banco? (el Banco de Crédito)

I positive imperative of *ir* § 65 and *tener* § 65b

Trabaje como en **H**.
Work as in **Ex. H**.

1 A Quisiera ir al centro. ¿Puedo ir? (los coches)
B Sí, vaya al centro, pero tenga cuidado con los coches.

2 Quisiera ir a la playa. ¿Puedo ir? (el sol)
3 Quisiera ir a la Sierra Nevada. ¿Puedo ir? (el viento)
4 Quisiera ir a la costa. ¿Puedo ir? (el frío)
5 Quisiera ir a la piscina. ¿Puedo ir? (el agua)

J *doler* + indirect object pronouns § 97

Pregunte y conteste como en el ejemplo.
Form questions and answers as in no. 1, referring to other parts of the body shown in the illustration.

A ¿Qué te pasa? ¿Te duele algo?
B Sí, me duele **la cabeza**.

Construya diálogos como el ejemplo.
Make up dialogues as shown referring to other parts of the body shown in the illustration.

A ¿Cómo está usted?
B Muy mal. No me encuentro bien.
A ¿Qué le pasa?
B Me duelen **las piernas**.

Lines 1–23, p. 57

K – L positive imperative (*usted*) of *-ar* and *-er* verbs § 65

K La paciente tiene la gripe.
Tiene que
ir a la farmacia
comprar unas medicinas
tomar dos pastillas por la mañana
volver el próximo jueves.
¿Qué le dice el médico? "..."

Lines 1–36, p. 57

L a) State in Spanish what you know about señor Martinez.
b) El señor Martínez tiene que ir a la farmacia. Tiene que **comprar** unas medicinas. Además tiene que **trabajar** menos, **fumar** menos y **hacer** más ejercicio.
¿Qué le dice el médico? "..."

Listening test

Escuche el texto sobre las Islas Canarias en la cinta. Escriba los datos correspondientes.
Listen to the tape-recording on the Canary Islands, then supply the details listed.

1 *a* situación geográfica ...
b distancia de África ...
2 principales islas
a ... *b* ...
3 *a* ciudad más importante ...
b habitantes ...
4 clima ...
5 productos
a ... *c* ...
b ... *d* ...
6 industrias ...
7 la gente trabaja en
a ... *b* ... *c* ...

la situación geográfica location
la distancia distance
el clima climate
el producto product

36 Andrés está triste

A Conteste a las preguntas. Answer the questions.

1 ¿Dónde están José y Ramón?
2 ¿Qué están haciendo?
3 ¿Qué van a hacer?
4 ¿Para quiénes son las cuatro entradas?
5 ¿Qué hace José con la entrada de Andrés? ¿Por qué?
6 ¿Es verdad que Andrés ya tiene una entrada?
7 ¿Por qué corre Andrés a la taquilla?
8 ¿Puede salvar su entrada?
9 ¿Compra otra? ¿Qué le dice la taquillera?
10 ¿Está contento Andrés? ¿Qué hace?
11 A medianoche los amigos salen del cine. ¿Les ha gustado la película?
12 José vuelve a casá. ¿De qué se da cuenta entonces?
13 ¿Qué hace? ¿Cómo llama al sereno?
14 ¿Quién viene? ¿Es un señor joven?
15 Mire la foto de la página 59. ¿Qué lleva este señor?
16 ¿Qué hace el sereno?
17 ¿Qué le da José al sereno?
18 ¿Qué le dice José?
19 ¿Qué hace el sereno después?

B Haga un resumen utilizando estas palabras.
Make a summary based on this outline.

José – Savoy – "La caza" – 4 entradas – Andrés – devolver – fútbol – salvar – cola – agotado – triste – A medianoche – Saura – la semana que viene – volver – portal – llave – sereno – palmadas – un duro.

C vender
Ha vendido una entrada

1 sacar

2 olvidar

3 llamar

4 abrir

Ejercicios de repaso

Lecciones 28-36

A Conteste a las preguntas.

1 ¿Cuándo se levanta usted más tarde, los domingos o los días de trabajo? ¿Por qué?
2 ¿Cuál es la fecha exacta de hoy, día, mes y año?
3 ¿Qué es un supermercado?
4 ¿Dónde se cambian los cheques de viaje?
5 ¿Qué es (a) una huerta, (b) la SEAT?
6 ¿Qué se cultiva en el este de España?
7 ¿Dónde trabaja un cajero? ¿Qué hace?
8 ¿Qué acaba usted de hacer?
9 ¿Qué le gusta beber cuando tiene mucha sed? ¿Qué ha bebido usted hoy?
10 ¿Qué va usted a hacer el sábado próximo?

B *¿Quien soy y que hago?*

1

2

3

4

5

6

C Situaciones

a En la cocina

You are a student (*el/la estudiante*) attending a course in Spain and staying with a Spanish married couple. One evening you find the lady of the house looking ill and ask her how she is. When she replies, say she must go to bed and offer to get the supper. When she names the dish to be prepared, say you can do it if she has a cookery book and the ingredients. When she says where these are, say you are going to start work.

Estudiante ¿. . .?
Señora Tengo un dolor de cabeza terrible; no me encuentro bien.
Estudiante . . . . ¿. . .?
Señora Muchas gracias. ¿Sabe usted hacer una tortilla de patatas?
Estudiante . . . .
Señora Sí, están en la nevera y – ¡mire! – hay uno la mesa.
Estudiante . . . .

b Una llamada telefónica

You are Juan (or Juanita). Ring up Antonio (or Antonia), say who is phoning and suggest that you go to the cinema this evening. Say there is a good film on at the Alhambra (*el Alhambra*). When he asks where you will meet, say outside the cafetería next door to the cinema at 7 o'clock. Say goodbye before ringing off.

Antonio ¡Dígame!
Juan ¡. . .! ¿. . .? . . . .
Antonio Muy bien. ¿Dónde nos vemos?
Juan . . . .
Antonio Bueno.
Juan ¡. . .!

D Traduzca al inglés.

a

En Andalucía la tierra es pobre o está mal repartida. Hay muchos latifundios. El 2% de la población posee el 80% de la tierra. En el campo se cultivan olives, viñas y trigo.

Cada año van unos cien mil españoles a trabajar una temporada a otros países. Van sobre todo a Francia, Suiza, Alemania Occidental e Inglaterra. Muchos emigrantes envían dinero a su familia. Otros ahorran dinero para, más tarde, poner un bar, una gasolinera o comprar un piso en España.

b

El empleado ¿Lleva algún documento de identidad?

El Sr. Bernal No, lo siento. No tengo ninguno. He olvidado mi pasaporte en el hotel.

La Sra. Bernal Aquí tengo el mío.

El empleado Muchas gracias. Tenga su número.

E Para encontrar el camino

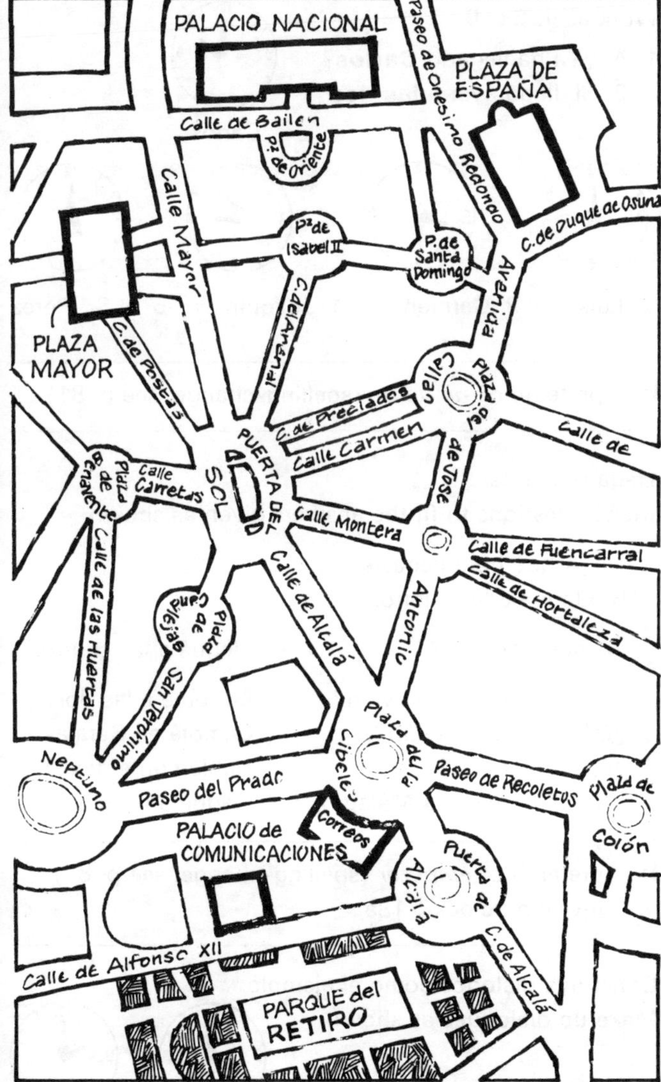

a De la calle de Hortaleza a Correos

Turista Por favor, señor, ¿por dónde voy a Correos?

Manolo Vaya usted hacia la Avenida de José Antonio. En esta avenida doble a la izquierda y baje todo seguido hasta la Plaza de la Cibeles; Correos está enfrente, es un gran edificio entre la calle de Alcalá y el Paseo del Prado.

b De la calle del Carmen a la calle de las Huertas

Baje usted hasta la Puerta del Sol. Cruce esta plaza, suba por la calle de Carretas, que está enfrente, hasta la Plaza de Benavente. La calle de las Huertas es la primera a la izquierda.

el camino way *cruzar* (imp. *cruce*) to cross *doblar* (imp. *doble*) to turn *enfrente* opposite *todo seguido* straight (on)

1 Usted es el turista; repita (repeat) las instrucciones de *a* y *b* en la primera persona del singular: *Voy hacia*, etc.

2 Dé usted instrucciones para ir:
- *(a)* de la Plaza de Neptuno al Parque del Retiro
- *(b)* de la Plaza de Colón a la Avenida de José Antonio
- *(c)* de la Plaza de Santo Domingo a la Puerta del Sol
- *(d)* de la Puerta del Sol al Palacio Nacional

F Find in Section B the correct endings to the sentences in Section A.

Section A	*Section B*
Perdone, ¿aquellos asientos	a tomar algo en el bar.
Y vosotros, ¿cómo	no sabemos cocinar.
Nuestros hermanos	viajar más y ver menos la televisión.
Le ha gustado mucho la paella	¿has devuelto la entrada?
Ustedes deben	ha podido sacar una entrada?
Alvaro y yo vamos	tienen que llamar al sereno.
Los deportes	están ocupados?
Me duele	aquel camarero.
Usted, señor, ¿cómo	habéis venido, en taxi o en autobús?
¿A qué hora salen	le he invitado a comer.
Oye, Carlos,	no le gustan a Fernando.
No me presta mucho atención	acaban de escribirnos.
Luisa y yo	al señor Cornello.
Los señores no tienen la llave y	todo el cuerpo; tengo la gripe.
Viene Juan porque yo	los chicos del cine?

37 Robo de un cuadro

A–B preterite of *-ar* verbs, singular § 60

A *fue* § 76, *hizo* § 75

Conteste a las preguntas.
Answer the questions.

1 ¿Dónde entró la joven?
2 ¿Qué hizo allí?
3 ¿Adónde fue después?
4 ¿Fue en tren?
5 ¿Qué compró en el aeropuerto?
6 ¿Cuánto pagó? (2 780 ptas.)
7 ¿A qué horá tomó el avión? (12:30)
8 ¿A qué hora llegó a Barajas? (13:15)
9 ¿Qué hizo allí?
10 ¿A qué hora llegó a Málaga? (16:35)
11 ¿Se quedó en el aeropuerto?

B revision: object pronouns § 28a

Pregunte y conteste como en el ejemplo.
Form questions and answers as in no. 1.

1 A ¿Ya has comprado **el pan**?
B Sí, lo compré ayer.

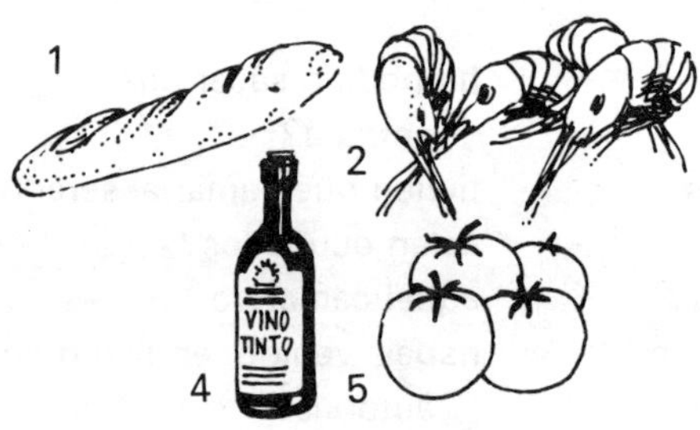

1 2 3 4 5

C preterite of *pagar* (spelling-change, see p. 81)
revision: numbers § 16

Trabaje como en **B**.
Work as in **Ex. B**

1 A ¿Ha pagado usted **la lámpara**?
B Sí, ayer pagué **ochocientas pesetas**.

1 

2 

3 

4 5 

D preterite of *-ar* verbs § 60
revision: clock § 18a

Trabaje como en **B**.
Work as in **Ex. B**.

1 A ¿Ya ha llegado **Carlos**?
B Sí, llegó ayer a **las dos**.

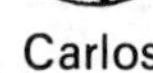

2 Luis 3 Carmen 4 Joaquín 5 el Sr. Pérez

E preterite of *-ar* verbs (spelling-change, see p. 81)

Haga preguntas.
Make questions to fit the answers given as shown.

1 A ¿A qué hora llegaste?
B Llegué a las cuatro.

¿A qué hora . . .?	Llegué a las cuatro.
2 ¿A qué hora . . . el avión?	Lo tomé a las dos.
3 ¿Dónde . . . de avión?	Cambié en Barajas.
4 ¿Con quién . . .?	Hablé con el taxista.
5 ¿A qué hora . . . a Málaga?	Llegué a las cinco.

F preterite of *empezar* (spelling-change, see p. 81)
revision : clock § 18a

Construya diálogos como el ejemplo.
Make up dialogues as shown.

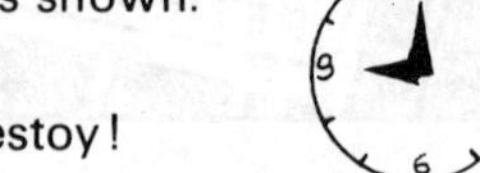

1 A ¡Qué cansado estoy!
B ¿Trabajaste hasta tarde ayer?
A Bastante. Empecé a **las nueve** de la mañana y no terminé hasta **las diez** de la noche.

2 

3 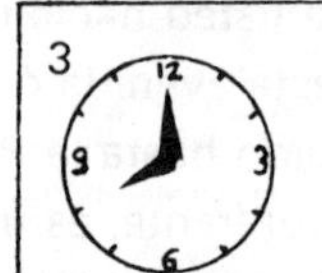

G – K preterite of *-ar* verbs § 60

G Haga preguntas.
Make questions to fit the answers given, as in no. 1.

1 A ¿A qué hora tomasteis el tren?
B Lo tomamos a las tres y media.

¿A qué hora . . . el tren?	Lo tomamos a las tres y media
2 ¿Dónde . . . de tren?	Cambiamos en Valladolid.
3 ¿A qué hora . . . a casa?	Llegamos a las cinco.
4 ¿A qué hora . . . el trabajo?	Lo empezamos a las ocho.
5 ¿A qué hora . . . el trabajo?	Lo terminamos a las once.

H revision: clock § 18

Pregunte y conteste como en el ejemplo.
Form questions and answers as in no. 1.

1 A ¿Ya han llegado **los Gómez**?
B *Sí*, **los padres** llegaron a **las dos** y **el hijo** llegó **una hora** más tarde.

Goméz – los padres – 14:00 – el hijo – 1 hora

2 Pérez – los padres – 15:00–la hija–½ hora
3 Sánchez – los padres – 18:00 – María – 20 minutos
4 Cornello – las hijas – 20:00 – el padre – ½ hora

I revision: object pronouns § 28a

Construya diálogos como el ejemplo.
Make up dialogues as shown.

1 A ¿Quién ha comprado **la lámpara**?
B **Juan.**
A ¿Cuándo la compró?
B La compró ayer.

la lámpara – Juan

2 el cuadro – Antonia
3 los sillones – nosotros
4 las cortinas – Antonia y Pedro
5 la radio – yo

J preterite of *-ar* verbs (spelling-change, see p. 81) § 60

With the help of the following outline and using the *yo* form of the verbs, give the thief's own account of her actions:
entrar a mirar los cuadros – tomar un autobús al aeropuerto – comprar un pasaje allí – pagar 2 780 ptas. – tomar el avión a las doce y media – llegar a Barajas – cambiar de avión – llegar a Málaga a las cinco menos veinticinco – tomar un taxi a un hotel.

K Viaje a París.
Using the verbs shown in the correct form of the preterite, complete the sentences below.

visitar **comprar** **tomar** **llegar** **cambiar** **pagar** **ir** **tomar** **llegar**

La semana pasada Pablo y Felisa . . . a la estación de Francia, en Barcelona.
. . . billetes de ida y vuelta, de segunda clase, para París.
. . . en total 6 000 ptas.
. . . el Expreso de las 08:05.
. . . a la frontera francesa (Cerbère) a las 10:20.
. . . de tren allí.
. . . a París a las 22:30 del mismo día.
. . . el metro hasta la estación de Odéon.
. . . a una hermana de Felisa.

38 Cartas

Una carta del extranjero

A Conteste a las preguntas.
Answer the questions.

1 ¿Quién escribe la carta?
2 ¿A quién la escribe?
3 ¿Dónde están Carlos y su mujer?
4 ¿Cuánto tiempo llevan allí?
5 ¿Cuándo escribe la carta?
6 ¿Qué tiempo ha hecho en Hannover?
7 ¿Dónde trabaja Carlos?
8 ¿Qué compraron anteayer?
9 ¿Cómo ha ganado Carlos el dinero para el coche?
10 ¿Compraron un coche nuevo?
11 ¿Lo compraron al contado?
12 ¿Ya han ido a buscar el coche?
13 ¿Les gusta el coche?
14 ¿Qué dice Carlos de la comida de Hannover?
15 ¿Con quién habló Carlos ayer?
16 ¿De qué papeles hablaron?
17 ¿Cuándo va a ir José a Hannover?
18 ¿José tiene trabajo allí?
19 ¿Qué han enviado los padres de Carlos a Madrid?
20 ¿Por qué quiere Carlos su ropa de invierno?
21 ¿Qué ha enviado Carlos a su madre?
22 ¿Qué va a comprarse su madre?

B revision: dates, years § 21

Lea estas fechas.
Read these dates aloud.

1 3/8 1492
2 6/10 1571
3 9/12 1931
4 18/7 1936
5 1/4 1939
6 10/12 1956

C *llevar* with expressions of time § 58
revision: perfect

Pregunte y conteste como en el ejemplo.
Form questions and answers as in no. 1.

1 A ¿**Usted** ha estado aquí mucho tiempo?
B Sí, ya llevo **dos años**.
usted – 2 años
2 Fernando – 1 año
3 (tú) – 6 meses
4 (vosotros) – 2 semanas
5 los Martí – 2 meses

Una carta al extranjero

A Conteste a las preguntas.
Answer the questions.

1 ¿Cuándo recibieron la carta los padres?
2 ¿Cómo están los padres?
3 ¿Se ha comprado los zapatos la madre?
4 ¿Le gustan?
5 ¿Qué tiempo hace en Salo? ¿Y ayer?
6 Sus amigos, los Pérez, ¿qué hicieron la semana pasada?
7 ¿Adónde se van ellos?
8 ¿Dónde van a trabajar los chicos?
9 ¿El padre también?
10 ¿Cuándo estuvieron con ellos los padres de Carlos?
11 ¿Dónde comieron?
12 ¿Qué les enseñaron los Pérez a los padres de Carlos?
13 El señor Pérez habló mucho de Suiza. ¿Por qué?
14 ¿El señor Pérez quiere volver allí?
15 El padre le da muchos recuerdos a Carlos. ¿Qué le dice de su hermana Alicia?

B – C preterite of *volver* § § 61a, 91

B revision: present of *estar* § 73

Pregunte y conteste como en el ejemplo.
Form questions and answers as in no. 1.

1 A ¿Ya están **los chicos**?
B Sí, volvieron **ayer**.
los chicos – ayer
2 el señor Sotelo – ayer por la mañana
3 (tú) – la semana pasada
4 ustedes – anteayer
5 (vosotros) – el jueves pasado

C Trabaje como en **B**.
Work as in **Ex. B**.

1 A ¿Ya está usted aquí? ¿Cuándo volvió?
B Volví ayer por la mañana.
2 A ¿Ya estás aquí? ¿Cuándo . . .?
B . . . anteayer.
3 A ¿Ya están aquí las chicas? ¿Cuándo . . .?
B . . . el martes pasado.
4 A ¿Ya estáis aquí? Cuándo . . .?
B . . . el mes pasado.
5 A ¿Ya está aquí Jaime? ¿Cuándo . . .?
B . . . la semana pasada.

D preterite of *comer* § 61a
revision: *gustar* § 97

Construya diálogos como en el ejemplo.
Make up dialogues as shown.

1 A ¿Alguien ha estado en el nuevo restaurante?
B Sí, **Antonia** comió allí la semana pasada.
A ¿Le gustó?
B Sí, le gustó mucho.
Antonia
2 yo
3 mi padre
4 mis primos
5 nosotros

E – F preterite of *ver* § 90
revision: object pronouns § 28a

E Construya diálogos como en el ejemplo.
Make up dialogues as shown.

1 A ¿Usted ha visto a **Enrique**?
B Sí, lo vi enteayer.
A ¿Dónde lo vio?
B En **la plaza de Sevilla**.

Enrique – la plaza de Sevilla

2 Carmen – la calle de Colón
3 los Sánchez – el puerto

F Trabaje como en **E**.
Work as in **Ex. E**.

1 A ¿**Juana** ha visto a Jaime?
B Sí, lo vio ayer.
A ¿Dónde lo vio?
B Lo vio en **el metro**.

Juana – el metro

2 usted – la plaza de España
3 tus padres – la calle de Colón
4 (vosotros) – el metro
5 (tú) – la calle de Solana

Any name may be used instead of Jaime.

G preterite of *escribir* § 61b
revision: indirect object pronouns § 31

Conteste a las preguntas como en el ejemplo.
Answer the questions as in no. 1.

1 A ¿Has llamado a Carlos?
B No, pero le escribí una carta ayer.
2 A ¿Has hablado con Rosita?
B . . . postal anteayer.
3 A ¿Habéis llamado a los Sánchez?
B . . . carta la semana pasada.
4 A ¿Los chicos han llamado a la señorita Gómez?
B . . . una postal anteayer.

H preterite of *recibir* § 61b
revision: direct object pronouns § 28a

Pregunte y conteste como en el ejemplo.
Form questions and answers as in no. 1.

1 A ¿Ha llegado **la carta**?
B Sí, **Juan** la recibió ayer.

Juan

2 (yo) 4 (nosotros)

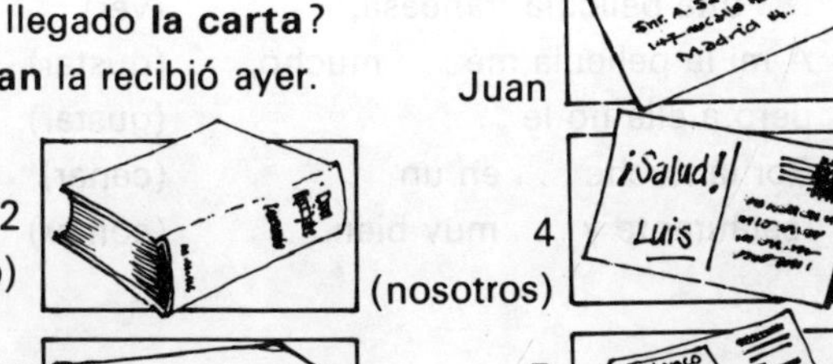

3 las chicas

5 (tú)

I preterite of *decir* § 71

Pregunte y conteste como en el ejemplo.
Form questions and answers as in no. 1.

1 A ¿Quién ha dicho que Jaime ha vendido su **coche**?
B Lo dijo **Juan**.

coche – Juan

2 moto – Carlos
3 casa – nosotros
4 televisor – tú
5 bicicleta – los chicos
6 cuadro – usted
7 radio – ustedes
8 transistor – yo

J preterite of *estar* § 73
revision: years § 20

Trabaje como en **H**.
Work as in **Ex. H**.

1 A ¿**Juan** ha estado en **Madrid**?
B Sí, estuvo allí en **mil novecientos sesenta**.

Juan – Madrid – 1960

2 (tú) – Bogotá – 1965
3 tu hermana – Caracas – 1973
4 usted – Santiago – 1969
5 ustedes – La Habana – 1970
6 los chicos – Buenos Aires – 1971

K – L preterite of *ir* § 76

K Construya diálogos como en el ejemplo.
Make up dialogues as shown.

A La semana pasada Juan fue a Valencia.
B ¿A Valencia? ¿Cómo fue? ¿En avión?
A No, fue en tren.

Use names of towns from the map on p. 8 of the textbook and choose means of transport from *avión, tren, coche, autobús, taxi, moto, bicicleta*. Where 'you' occurs, use *tú* or *vosotros*, as appropriate.

1 Juan
2 (yo)
3 Juan y Antonia
4 (nosotros)

L preterite of *hacer* § 75
revision: reflexive verbs § 25

Construya diálogos como en el ejemplo.
Make up dialogues as shown, using appropriate forms of *hacer*, *ir* and *quedarse*.

1 A ¿Qué hiciste ayer?
B Fui a la playa con mi hermana, ¿y tú?
A Me quedé en casa.

2 A ¿. . . (tú) el verano pasado?
B . . . a Francia con mis hermanos, ¿y tú?
A . . . en Madrid.

3 A ¿. . . usted ayer?
B . . . a la playa con mis hijos, ¿y usted?
A . . . en Barcelona.

4 A ¿. . . (vosotros) la semana pasada?
B . . . al mar con unos amigos, ¿y vosotros?
A . . . en la ciudad.

5 A ¿. . . ustedes el domingo pasado?
B . . . al cine, ¿y usted?
A . . . en casa.

6 A ¿. . . tu padre el verano pasado?
B . . . a Portugal, ¿y el tuyo?
A . . . en casa.

M preterite of *-ar*, *-er* and *-ir* verbs § 60-61
revision: *ir* § 76

Read this text, then write it in the past (preterite) tense.

1 El día 5 de febrero, Eusebio se levanta, se afeita y desayuna.
2 Toma el metro en Portazgo.
3 Se sienta y abre el periódico.
4 En Vallecas sube su amigo Ignacio y los dos empiezan a hablar.
5 Hablan mucho y olvidan bajar en Sol.
6 Se quedan en el metro hasta José Antonio donde salen a la calle.
7 Entre los dos compran un número de lotería.
8 Van a pie a la Plaza de Santa Ana.
9 Ignacio va al Bar Cordobés y Eusebio entra en su oficina.
10 En el sorteo del día 6 de febrero, ¡les toca un premio de 50.000 pesetas!

el sorteo (lottery) draw
les toca un premio they win a prize (literally, a prize falls to them)

N preterite; letter writing

Write a short letter to your father/mother, brother/sister or friend:

thanking him/her for a gift of money,
saying that you are going to buy with it a record that you like very much,
telling him/her that you are going to the cinema this evening.
Send love or good wishes to your family and/or friends.
Remember the heading and date and give your letter an appropriate beginning and ending (see Student's Book, pp. 60 and 61)

O preterite of *-ar* and *-ir* verbs § 60–61;
hacer § 75

Referring to the metro plan in **Ex. F**, Lesson 21, state:
1 how Luis travelled from Moncloa to Tetuán.
2 how you travelled from Iglesia to Serrano.
3 how you and your friend travelled from Atocha to Batán.

All journeys must be by metro.

P preterite of *-ar* and *-er* verbs, *yo* and *nosotros* § 60–61
revision: *gustar* § 97a

Rellene con las formas correctas de los verbos a la derecha.
Complete with the correct forms of the verbs on the right.

1	Ayer yo . . . a las nueve.	(levantarse)
2	. . . a la playa.	(ir)
3	. . . a una turista francesa.	(encontrar)
4	A mediodía ella y yo . . . en el bar de la playa.	(comer)
5	Por la tarde (nosotros) . . . a la ciudad.	(volver)
6	A las cinco . . . al cine.	(ir)
7	. . . una película francesa.	(ver)
8	A mí la película me . . . mucho,	(gustar)
9	pero a ella no le . . .	(gustar)
10	Por la noche . . . en un	(cenar)
11	restaurante y . . . muy bien.	(comer)

Q preterite of *-ar*, *-er* and *-ir* verbs, *yo* and *tú* § 60–61
revision: *ir* § 76; *gustar* § 97a

Haga una entrevista a Carlos.
Interview Carlos, calling him *'tú'*.

Pregunte a Carlos:	*Carlos contesta que*
1 a qué hora se levantó ayer	se levantó a las siete.
2 si desayunó café como siempre	ayer sólo tomó una taza de té
3 a qué hora fue al trabajo	salió de casa a las 8.15
4 si volvió a casa tarde	llegó a casa a las 20.45
5 si se quedó en casa toda la noche	fue al cine con unos amigos vieron una película italiana
6 si le gustó la película	le gustó bastante.
7 a qué hora se acostó	se acostó a las 03.30.

39 Latinoamérica

A Conteste a las preguntas.
Answer the questions.

1 ¿Qué empezaron a hacer los españoles en el siglo XVI?
2 ¿Por qué se habla español en gran parte de Latinoamérica?
3 ¿Por qué se habla español en algunas regiones que hoy pertenecen a los Estados Unidos?
4 ¿Se habla español en todo el continente? ¿Por qué?
5 ¿Cuánto tiempo fueron colonias de España estos países?

El Ecuador

B Conteste a las preguntas.
Answer the questions.

1 ¿Dónde está situado el Ecuador?
2 ¿Cuál es su superficie? (300 000 km²)
3 ¿Cuántos habitantes tiene? (6 000 000)
4 ¿Cómo se llama la capital?
5 ¿Cuántos habitantes tiene? (500 000)
6 ¿Toda la población es india?
7 ¿Toda la problación adulta sabe leer y escribir?
8 ¿Cuáles son los principales productos de exportación?
9 El Ecuador exporta también sombreros. ¿Adónde los vende?
10 ¿Cómo se llama la moneda del Ecuador?

C* Using the text on Ecuador as a model, write in Spanish about Argentina. See Student's Book, map p. 9 and table p. 63.

Eraclio Pacheco

D Conteste a las preguntas.
Answer the questions.

1 ¿Dónde vive Eraclio Pacheco?
2 ¿Es indio?
3 ¿Sabe leer y escribir?
4 ¿Cuántos hijos tiene?
5 ¿Su mujer vive?
6 ¿Cuándo murió?
7 ¿Quién nació entonces?
8 ¿Quién es Casimiro?
9 ¿Es analfabeto también?
10 ¿Ganan mucho dinero con su trabajo?
11 ¿Qué trabajo tienen?
12 ¿Cómo hacen los sombreros?
13 ¿A quién venden los sombreros?
14 ¿Dónde compra el padre la paja?
15 ¿Cómo lleva la paja a casa?
16 ¿Qué coche ha visto hoy en la carretera?
17 ¿Por qué tiene que venir el Sr. Brown?
18 ¿Cuántos sombreros han hecho?

E *hace* + expressions of time § 75

Construya diálogos como el ejemplo.
Make up dialogues as shown.

1 A ¿Está **Pedro**?
B No, ha ido **al cine**.
A ¿Hace mucho?
B Hace **veinte minutos**.

Pedro – cine – 20 minutos

2 los chicos – bar – ½ hora
3 Ana – piscina – 1 hora
4 tus padres – biblioteca – 15 minutos

40 En la comisaría

Lines 1–15

A Conteste a las preguntas.
Answer the questions.

1 ¿Quién entra en la comisaría?
2 ¿Qué dice?
3 ¿Cómo ha ocurrido?
4 ¿Cuándo ocurrió?
5 ¿Qué había en el bolso?

Lines 1–9, p. 65

B Conteste a las preguntas.
Answer the questions

1 Entra un señor. ¿Qué le han robado?
2 ¿Es la primera vez?
3 ¿Dónde estaba el coche cuando desapareció?
4 ¿Cuándo puso su coche allí?
5 ¿Y cuándo vio que el coche ya no estaba?

Lines 1–30, p. 65

C Conteste a las preguntas.
Answer the questions.

1 Entran dos chicos en la comisaría de Málaga. ¿Quiénes son?
2 ¿Qué llevan?
3 ¿Dónde han encontrado el cuadro?
4 ¿Cuándo?
5 ¿A quién se le cayó?
6 ¿Cómo era la mujer?
7 ¿Qué llevaba?
8 ¿Cómo era la maleta?
9 ¿Se acuerda Guillermo del color que tenía la maleta?
10 ¿Y Julio?
11 ¿Cuándo desapareció el cuadro?
12 ¿Dónde desapareció?
13 ¿Quién lo dice?

Mire el texto número 25.
See Lesson 25.

14 ¿Quién era la mujer?
15 ¿Cómo era?
16 ¿Cuántos años tenía?
17 ¿Qué llevaba?
18 ¿Adónde quería ir?

Mire el texto número 37.

19 ¿Quién entró en el museo?
20 ¿Qué hizo allí?
21 ¿Qué cuadro era?
22 ¿Adónde lo llevó?
23 ¿Cómo fue? ¿En tren?

Mire el texto número 40.

24 ¿Quiénes han podido salvar el cuadro?
25 ¿La policía sabe dónde está la mujer?

D imperfect § 62–63
estaba § 73, *era* § 86, *tenía* § 87
present to preterite or imperfect

Construya diálogos como el ejemplo.
Make up dialogues as shown.

1 A ¡He perdido **la maleta**!
B ¿Cómo ha ocurrido?
A No sé, estaba en **la estación** . . .
B ¿Cómo era **la maleta**?
A Blanca, grande.
B ¿Qué tenía usted en **la maleta**?
A Dos pantalones, cuatro camisas, un par de zapatos . . .

2 A ¡. . . el bolso!
B ¿. . .?
A . . . el metro.
B ¿. . .?
A Rojo, pequeño.
B ¿. . .?
A La llave del coche, mi carnet de identidad y mil pesetas.

3 A ¡. . . la cartera!
B ¿. . .?
A . . . el autobús.
B ¿. . .?
A Negra, bastante grande.
B ¿. . .?
A Unos libros y papeles muy importantes.

cartera brief case

E* Rewrite the following in the past tense, using the preterite or the imperfect as required.

¿Chica o chico?

Son las nueve de la noche y hay muchos jóvenes en la calle. Una chica alta, que lleva una larga falda negra y un pañuelo (scarf) en la cabeza, entra en la discoteca. En seguida bajan de un coche gris y entran detrás de ella dos hombres. Cinco minutos después salen; uno de ellos lleva en la mano una cosa negra y los dos tienen por los brazos a un chico alto. Los tres suben en el coche gris y se van.

F preterite of *poner* § 80
revision: direct object pronouns § 28a

Pregunte y conteste como en el ejemplo.
Form questions and answers as shown.

A ¿Dónde está la radio?
B La puse en el balcón. ¿No está allí?

Use any articles and rooms shown on p. 40 of the Student's Book.

Vary the person(s) in B as below.

1 (yo . . .)	5 Luisa y Mari Carmen . . .
2 (nosotros . . .)	6 usted . . .
3 (tú . . .)	7 ustedes . . .
4 Juan . . .	8 (vosotros . . .)

41 Cartas al director

A Conteste a las preguntas.
Answer the questions.

1 ¿Quién escribe la carta?
2 ¿Qué trabajo tiene?
3 ¿A quién escribe la carta?
4 ¿Dónde trabaja Jesús Casares?
5 ¿Dónde está la cafetería?
6 ¿Trabaja también en la terraza?
7 ¿Le gusta estar en la terraza? ¿Por qué?
8 ¿Se puede respirar el aire allí?
9 ¿Cómo era antes? ¿Se podía respirar mejor?
10 ¿Por qué estaba limpio el aire?
11 ¿Trabajaba también en la terraza entonces?
12 ¿Qué hacían los clientes allí?
13 ¿Se quedaban mucho tiempo en la terraza?
14 ¿Por qué no se quedan allí ahora?
15 ¿Qué dice del cuello de su camisa?
16 ¿Es fácil lavarlo?
17 ¿Quién lo lava?
18 ¿Qué tienen que hacer los responsables?

B revision: *muy – mucho* § 15a–c
mucho – mucha, muchos – muchas § 15d

Rellene con las formas correctas.
Complete with *muy* or the correct form of *mucho*.

1 No me gusta . . . trabajar en la terraza.
2 Por la calle pasan . . . coches y autobuses.
3 El aire está . . . sucio.
4 Antes, yo trabajaba . . . en la terraza.
5 Antes, había . . . árboles y el aire estaba . . . limpio.
6 A todos los clientes les gustaba . . . estar allí.
7 Y los turistas escribían . . . postales.
8 Allí estaban . . . contentos.
9 Se quedaban . . . tiempo e iba y venía . . . gente.
10 Ahora se van porque los coches les molestan . . .
11 y porque el aire está . . . sucio.
12 Es . . . difícil lavar el cuello de la camisa.

C adverbs from adjectives § 14a

Form adverbs from the following adjectives.

1 atento – atentamente
2 tranquilo
3 continuo –
4 cómodo –
5 general –
6 especial –
7 fácil –
8 difícil –
9 terrible –

D Traduzca al inglés.
Translate into English.

Lines 15–24: "Yo trabajaba . . . iba y venía mucha gente.'

E – F imperfect § § 62–63

E Pregunte y conteste como en el ejemplo.
Form questions and answers as in no. 1.

1 A Carlos **toma mucho café**, ¿verdad?
B Antes tomaba mucho café pero ya no.
tomar mucho café
2 escribir muchas cartas
3 comer mucha fruta
4 ir mucho al cine
5 fumar mucho
6 leer mucho

F revision: *era* § 86

El mes pasado Benito Sánchez, el periodista madrileño, se fue a París a trabajar allí. Antes vivía en Madrid.
Lea otra vez el texto número 21, en la página 37 del libro de texto, líneas 1–16. Describe cómo Benito Sánchez vivía antes.

Read again Lesson 21 of the Student's Book, lines 1–16. By putting the verbs into the imperfect, describe how Benito Sánchez used to live in Madrid before he went to Paris.

G present – imperfect

A mother of three children writes a letter to a newspaper. She compares the town where she lives as it used to be with what it is now and ends her letter by asking what the responsible authorities are doing to put things right.

Use the following scheme:

	hoy	*antes*
casas altas	sí	no
supermercados	4	ninguno
estación de metro	muy cerca	ninguna
árboles	pocos	muchos
gente	mucha	poca
turistas	muchos	pocos
coches y autobuses	muchísimos	muy pocos
bicicletas	pocas	muchas
niños por la calle	no	sí, tranquilamente

Some verbs: haber – tener – ir y venir – pasar – jugar

pocos -as few

Listening comprehension

Escuche el texto "sociedad de consumo" en la cinta y conteste a las preguntas.
Listen to the tape recording "consumer society" and answer the questions.

a continuación	next
sociedad de consumo	consumer society
radioyente	radio listener
carta radiofónica	listener's letter
ama de casa	housewife
protestar	to protest
contra	against
he aquí	this is
carne	meat
cobrar	to receive one's pay

1 (a) ¿Quién ha escrito la carta?
  (b) ¿Está casada?
  (c) ¿Cuántos hijos tienen?
  (d) ¿Dónde viven?
  (e) ¿Qué hace su marido?

2 Cómo era antes? ¿Cómo es ahora?
  Algunas palabras-clave:
  Some key-words:

antes ahora

vino
carne
desayuno
televisor
coche
dinero

3 ¿Qué compró la señora ayer?

4 (a) ¿Cuánto dinero le quedó cuando volvió a casa ayer?
  (b) ¿Su marido podía darle más dinero?
  (c) ¿Cuándo va a cobrar el marido?
  (d) ¿Qué día es cuando escribe la carta?

**Correspondencia*

A Conteste a las preguntas.
Answer the questions.

1 ¿Cuántos años tiene Jean-Louis Touron?
2 ¿De qué país es?
3 ¿Estudia español?
4 ¿Con quién le gustaría tener correspondencia?
5 ¿Qué le gusta?
6 ¿Sabe escribir español?
7 ¿Cómo ha hecho para escribir esta carta?
8 ¿Qué pueden hacer sus amigos españoles?

B Escriba una carta al director de un periódico español o latinoamericano. (Cuántos años tiene, dónde vive, dónde estudia español, cuántos años lo ha estudiado, lo que le gusta a usted, lo que prefiere, etc)

Algunas palabras-clave:
Some key-words:

tocar la guitarra	to play the guitar
el piano	piano
la flauta	flute
tocar en una orquesta	to play in an orchestra
cantar	to sing
cocinar	to cook
esquiar	to ski
patinar	to skate
nadar	to swim
coleccionar sellos	to collect stamps
jugar al fútbol	to play football
al golf	golf
al tenis	tennis
a las cartas	cards
al ajedrez	chess
al hockey sobre hielo	ice-hockey

42 Las flores

A – B preterite – imperfect – pluperfect § 59–63

A Tomás Pereda tells his own story (use "yo" form): *Una mañana salí de casa . . .*

B Summarize the story of Tomás Pereda with the help of the following outline.

Una mañana – Tomás Pereda – salir – trabajo – el coche – robar – metro – policía.
Al día siguiente – alegrarse – rosas – entradas.
Por la noche – volver tarde – piso – el ladrón – mientras. Vender – ir al teatro.

Learn your shortened version when it has been checked, so that you can tell the story from memory.

C Tomás Pereda fue a la policía a denunciar el robo. Allí tuvo que rellenar esta ficha (*form*):

ficha nº 328764
NOMBRE Tomás
APELLIDOS Pereda y Álvarez
NACIONALIDAD español
FECHA DE NACIMIENTO 9.11.1940
ESTADO CIVIL casado
DOMICILIO Calle de Ríos Rosas 163, Madrid
TELÉFONO 2 36 52 12
TRABAJO Banco de Vizcaya
OCUPACIÓN Cajero

El robo:
COCHE SEAT de color verde, modelo 1974
SITIO Aparcamiento de Ríos Rosas
HORA 08.15

la *nacionalidad* nationality
el *nacimiento* birth
el *estado civil* married or single
el *domicilio* home address
la *ocupación* occupation
el *modelo* model
el *sitio* place

Conteste a estas preguntas del policía. Usted es el Sr. Pereda.
You are Sr. Pereda being questioned by the police. Answer using "yo".

1 ¿Cómo se llama? . . .
2 ¿Es español? . . .
3 ¿Cuál es la fecha de su nacimiento? . . .
4 ¿Dónde vive? . . .
5 ¿Tiene teléfono? . . .
6 ¿Dónde trabaja?
7 ¿Qué hace allí? . . .
8 ¿De qué marca era el coche? . . .
9 ¿De qué color era? . . .
10 ¿Dónde estaba el coche cuando desapareció? . . .
11 ¿A qué hora descubrió que el coche había desaparecido? . . .
12 ¿Qué había en el coche? . . . (libros, papeles, llaves, etc)

D Draw up in Spanish a form like the one in **Ex. C** and fill it in with particulars of yourself. Report the theft of an article you can name in Spanish.

43 Extremadura

Lines 1–11

A Conteste a las preguntas.
Answer the questions.

1 ¿Dónde está Extremadura?
2 La mayor parte de los extremeños, ¿qué hacen?
3 ¿Tienen tierra propia los campesinos?
4 ¿Qué cultivan?
5 ¿Qué animales tienen?
6 ¿Qué se produce allí?
7 ¿Qué se ha hecho con las tierras secas que antes no producían nada?
8 ¿Por qué emigran muchos extremeños?

Jorge Rodriguez

Lines 1–40

B Conteste a estas preguntas sobre Jorge Rodríguez.
Answer these questions on Jorge Rodríguez.

1 ¿Jorge Rodríguez piensa emigrar?
2 ¿Por qué?
3 ¿Quiénes quedan en su pueblo?
4 ¿Dónde están los hijos de Jorge Rodríguez?
5 ¿Van todos al extranjero?
6 ¿No vuelve nadie?
7 ¿Qué problemas tienen los españoles en el extranjero?
8 ¿Por qué no quieren quedarse en el pueblo?
9 Si la emigración continuá, ¿es mejor o peor – piensa Jorge – para los que se quedan? ¿Por qué?

Ejercicios de repaso

Lecciones 37-43

A ¿Que hicieron Manolita e Ignacio durante las vacaciones?

1 Jugaron al tennis.

2

3

4

5

6

B Una declaración en la comisaría

Police investigating the theft of the camera (see letter below) are questioning bystanders who saw the accused girl go into the Bar Solana (see illustration on p. 11 of the Student's Book). Imagine you are a passer-by on the opposite side of the calle de Solana from the bus-stop, and describe in the imperfect tense the scene depicted on p. 11, saying also why you were there at the time.

Useful espressions:
hacer punto to knit
estrechar la mano a alguien to shake hands with someone

C Una carta

Write a reply of 150–180 words to the following letter, answering the questions and commenting on remarks made and giving some spontaneous information as well. Don't forget the heading and a suitable ending.

Vitoria, 28 de Abril de 19—

Querido Stephen (Querida Stephanie):

Recibí tu carta el 27 de marzo y te escribo el 28 de abril. ¡Perdón! He tenido que entrenarme mucho para los campeonatos de natación que acaban de terminar. Nuestro equipo se colocó en segundo lugar.

¿A ti te gusta nadar? No vives cerca del mar, ¿verdad? – pero me imagino que hay una piscina en tu instituto o en la ciudad.

Así es que no puedes venir a España este año. ¡Qué lástima! Pero tu hermano, que es periodista, viene en junio. ¿Qué periódico representa y qué viene a ver? Esto me interesa pues a mí me gustaría ser periodista. Si pasa tu hermano por esta región, tiene que visitarnos.

También me interesa el viaje en bicicleta por unos países de Europa que hicieron tus dos amigos escoceses. ¿Adónde fueron y qué vieron?

Me has dicho que te gustaría trabajar una temporada en el extranjero; ¿en qué país te gustaría trabajar? ¿Qué lengua estudias además del español?

No vienen muchos extranjeros aquí, pero hace 8 días una chica extranjera entró en un bar y robó una cámara pequeña que un señor había dejado un momento en la barra mientras hablaba con un amigo. Vio el robo el mozo del hotel de enfrente y el jefe lo denunció a la policía. ¡Dicen aquí que la chica es espía! Es posible; ¿quién sabe?

Nada más para hoy pues tengo que estudiar para los exámenes – ¿tú también, quizás? ¡A ver si me escribes pronto!

Tu amigo (amiga),
Luis (Luisa)

entrenarse to train
el campeonato championship
colocarse en segundo lugar to come second
¡Perdón! Sorry!
de enfrente opposite
el/la espía spy
representar to represent

Lesson Vocabularies

Where an entry in these vocabularies involves a construction under the heading "Grammar preview", a reference is inserted to the paragraph in the Student's Book grammar section where the relevant explanation is given. Reference to these paragraphs should enable the student to understand the text as he reads, but he is not expected to study the grammar points concerned until they are dealt with fully at a later stage.

1

1 = uno a, one
en la frontera at the frontier
¿qué? what?
hay there is/are
en in
el bolso bag
un disco record
y and
un libro a book
algo más anything else, anything more
sí yes
también also, too
una carta a letter
una revista a magazine
¿qué es esto? what's this?
es it is
una cámara fotográfica a camera
la maleta the suitcase
¿en qué maleta? in which suitcase?
la maleta negra (§7a) the black suitcase
camisas shirts
botellas bottles
¿cuántas? how many?
dos two
o or
tres three
cuatro four
el tabaco tobacco
el chocolate chocolate
no no
señor Sir
el señor the gentleman
la maleta blanca (§7a) the white suitcase
discos records
¿cuántos? how many?
cinco five

2

¿dónde está? where is it?
Burgos town in northern Spain
España Spain
Toledo town in central Spain
Lima capital of Peru
Lima no está Lima is not
Illustrations:
la agencia de viajes travel agency
buenos días good morning
señora Madam
la señora lady
¿cómo está usted? how are you?
muy bien very well
gracias thank you
¿y usted? and (how are) you?
adiós goodbye

3

hoy today
voy (*ir*) I'm going
a to
Sagunto town on the east coast of Spain
entre between
Valencia town in eastern Spain
Castellón (de la Plana) town in eastern Spain
¿cómo? how?
vas (*ir*) you are/are you going
en tren (m) by train
en autobús (m) by bus
Latinoamérica Latin America
mañana tomorrow
Montevideo capital of Uruguay
usted va you are going
en avión (m) by air
¿va usted en avión? are you going by air?
en barco (m) by boat, by sea
¿adónde va usted? where are you going?
el avión no va a . . . the plane doesn't go to . . .
señorita Miss
la señorita young lady
va a Cuba (it) is going to Cuba

4 En la calle

en la calle in the street
está is
la calle de Solana Solana Street; José Solana, Spanish painter and writer (1885–1945)
lleva (*llevar* §46) she is carrying
busca (*buscar* §46) she is looking for
el hotel hotel
Goya Francisco de Goya, Spanish painter (1746–1828)
la farmacia pharmacy, chemist's shop
el banco bank
dos bares two bars
el bar bar
el autobús bus
el coche car
Cervantes Miguel de Cervantes, Spanish writer (1547–1616)
entra (*entrar* §46) (she) goes in
por favor please
el portero (hall) porter
no sé I don't know
pregunte a . . . (§65b) ask . . .
el guardia policeman
la plaza de Colón Columbus Square; Cristóbal Colón, Christopher Columbus, Italian explorer (1451–1506)
lejos far
cerca near
allí there
no hay de qué it's a pleasure, at your service

* ¿Cuántas paradas?

la parada bus stop
tome (§65b) take . . .
el número number
seis six
Ud. abbreviated form of *usted*
pues, regular well, not too bad

Adónde vas?

¿adónde vas? where are you going?
¡hola! hullo!
¿qué tal? how are things?
¿ytú? and (how are) you?
al cine to the cinema
el cine cinema
la biblioteca library
¡hasta luego! I'll be seeing you!

Greetings

Buenos días is used from the beginning of the day until about 2 p.m.
Buenas tardes is used from about 2 p.m. until nightfall.
Buenas noches is used after nightfall.

Tú or usted

Tú is used freely by young people to their contemporaries and by adults to their family and friends and to all children and teenagers. *Usted* is used among adults and by young people to adults except where family and friends are concerned. It is, however, impossible to lay down rules to cover every relationship, so the foreigner in Spain, when uncertain, should use *usted*. The informal greetings **¡Hola!** and **¿Qué tal?** are appropriate among people on *"tú"* terms; they can also be used by those who call each other *"usted"*, but it would be unsuitable for a subordinate to address his boss this way.

5 En Barcelona

¿quién?	who?
la chica	girl
que	who, that
trabaja (*trabajar*)	she works
hace (*hacer* §75)	(here) does she do
la cocina	kitchen
la cocinera	cook
el chico	young man, youth
monta (*montar*)	he assembles
la fábrica	factory
SEAT (Sociedad Española de Automóviles de Turismo)	leading Spanish car manufacturers
el mecánico	mechanical engineer
ahora	now
va en bicicleta	he is cycling
la bicicleta	bicycle
¿trabajas?	are you working?
aquí	here
¿ganas? (*ganar*)	do you earn?
mucho	much
pero	but
poco	little, not much
yo	I
pronto	soon
voy a Paris a trabajar	I'm going to work in Paris
el restaurante	restaurant
¿por qué?	why?
porque	because
mi	my
la familia	family
a casa de Mari Carmen	to Mari Carmen's (house)
la casa	house, home

6 Postales y sellos

la postal	postcard
el sello	stamp
el cuadro	picture
de Picasso	by Picasso: Pablo Picasso, Spanish artist (1881–1973) who lived and worked in France from 1904
¿cuánto cuesta?	how much is it?
siete	seven
la peseta	peseta, unit of Spanish currency
tenga (§65b)	here you are
diez	ten
la vuelta	change
ocho	eight
nueve	nine
la iglesia	church
la catedral de Burgos	Burgos cathedral
trece	thirteen
Paco Camino	Spanish bullfighter (born 1941)
once	eleven
quince	fifteen
doce	twelve
catorce	fourteen
la estafeta de correos	sub-post office
deme (§65)	give me, may I have
dos sellos de seis pesetas	two six-peseta stamps
son doce pesetas	that's twelve pesetas

7 En casa de Mari Carmen

en casa de Mari-Carmen	at Mari Carmen's (house)
están	(they) are
la mesa	table
la silla	chair
la taza	cup
las chicas	the girls
toman café (m) (*tomar*)	(they) are having coffee
entran (*entrar*)	(they) come in
los padres	parents
los padres de Mari Carmen (§5)	Mari Carmen's parents
la madre	mother
el padre	father
la empresa	firm
exportar	to export
domingo	Sunday
buenas tardes	see note after vocabulary to Lesson 4
dice que (§71)	(she) says that
¿vamos?	shall we go?
vais	you are going
al cine de la calle de Solana	to the Solana Street cinema
nuevo	new
bueno	all right

Mari Carmen busca trabajo

el trabajo	work
¿cuántos trabajáis?	how many of you are there on the staff?
el jefe	manager, boss
simpático	nice
exigente	demanding
la hora	hour
al día (m)	a day, daily
por la mañana	in the morning
de . . . a . . .	from . . . till . . .
por la tarde	in the afternoon/evening
¿quiénes son?	who are?
la recepción	reception
ahora que	now that
necesitar	to need
pagar	to pay

***Appointments vacant:**

la pensión	guest house
el camarero	waiter
el teléfono	telephone
moderno	modern
con experiencia	experienced
doce mil pesetas	12,000 pesetas
al mes (m)	monthly
las pagas	bonuses

8 En las Ramblas

las Ramblas	avenues in Barcelona
el periódico	newspaper
el ABC	an important Madrid newspaper
es verdad	that's true
Blanco y Negro	"quality" weekly magazine
no quedan	there are none left
tiene usted (*tener* §87)	have you
tengo	I have
¡Hola!	popular weekly magazine
Semana	i.e. "Week", popular weekly

***la lotería**	lottery
el gordo para hoy	today's first prize
comprar	to buy
el número	lottery ticket
veinte	twenty
la Sagrada Familia	a church in Barcelona begun in 1884 and as yet unfinished, the work of the architect Antonio Gaudí (1852–1926)
¿van en coche?	are you going by car?
voy a pie (m)	I'm going on foot
está a unos 30 minutos de aquí	it's about 30 minutes from here
¿cuántos años tienes?	how old are you?
el año	year
yo tengo seis	I'm six (years old)
a ver	let's see
si	if
adivinar	to guess
cuántos anos tiene mi padre	how old my father is
cuarenta	forty
menos	less
treinta y cinco	thirty-five
eso es	that's it

9 En la calle de la Cruz

la calle de la Cruz	"Cross Street"
el centro	centre
el estanco de la señora V.	Sra V's cigarette shop
delante del estanco	in front of the cigarette shop
el buzón	letter box
a la derecha de	on the right of
a la izquierda de	on the left of
la tienda	shop
un coche negro	a black car
¿de quién es?	whose is it?
es del señor S.	it belongs to señor S.
la moto	motor cycle

El estanco

desear	to want
el cigarrillo	cigarette
la pipa	pipe
la caja de cerillas	box of matches
el bolígrafo	ballpoint pen
el paquete	packet
un paquete de 46 (§6)	a packet of "46" (a brand of cigarettes)
la marca	brand, make
esta	this
pequeño	small
caro	dear, expensive
estos	these
barato	cheap
al lado de	beside
grande	large
este	this one
demasiado caro	too expensive
¿no?	isn't it?

10 El bar Granada

sólo	only
la barra	bar (counter)
largo	long
la lámpara	lamp
la cafetera	coffee machine
el taburete	stool
alto	high
el camarero	waiter
fumar	to smoke
su	his
la bandeja	tray
el vaso	glass
el barman	bar tender
detrás de	behind
escuchar	to listen
la radio	radio
encima de	above
muchos, muchas	a lot of, many
moreno	dark
la otra	the other one
rubio	blond, fair
la oficina	office
estudiar	to study
el instituto	state grammar or technical school
en otra mesa (§3)	at another table
siempre	always
desayunar	to have breakfast
el pan	bread
con	with
la mermelada	jam, marmalade
mirar	to look at
la lista de precios	price-list
el refresco	soft drink
la naranjada	orangeade
la naranjada no me gusta	I don't like orangeade
en seguida	immediately, at once

La lista de precios:	
la leche	milk
el café con leche	white coffee
el (café) cortado	coffee with a little milk
el (café) expreso	expresso coffee
la limonada	lemonade
el bocadillo de jamón	ham sandwich
el bocadillo de queso	cheese sandwich
el bocadillo de tortilla	omelette sandwich
el té	tea
el limón	lemon
el churro	a sort of fritter eaten at breakfast
el pan tostado	toast
la mantequilla	butter

El desayuno

el desayuno	breakfast
una taza de chocolate (§6)	a cup of chocolate
no . . . nunca	never
nosotros (-as §23)	we
casi	almost, nearly
práctico	practical
a veces	sometimes
la tostada	piece of toast
me gusta más el café (§97a)	I prefer coffee
generalmente	generally, usually

Empiezo a las nueve

empiezo (*empezar*)	I begin
a las nueve	at nine o'clock
es tarde	it's late
¿a qué hora?	at what time?
vosotros (-as §23)	you pl. (familiar)
a las ocho y media	at 8.30
todo el día	all day
cerrar /ie/	to close
a la una	at one o'clock
otra vez	again
a las cuatro de la tarde	at 4 p.m.
no . . . hasta	not . . . until
terminar	to finish
a las ocho de la noche	at 8 p.m.
¿cuánto es?	how much is it?
cada una, uno	each
en total	altogether
la propina	tip
muchas gracias	thanks very much
de nada	it's a pleasure, that's all right

11 Un jersey azul

el jersey	jumper
azul	blue

almorzar /ue/ to have lunch
¡mira! (§64) look!
encontrar /ue/ to find
el escaparate shop window
¿te gusta? do you (tú) like?
bonito pretty
aquel (§34) that
la dependienta shop assistant
ochocientos (-as) eight hundred
rojo red
la falda skirt
mismo same
el color colour
amarillo yellow
la blusa blouse

12 Una llamada telefónica

la llamada telefónica telephone call
el amigo friend
llamar to ring up
la ficha token
el teléfono telephone
marca su número (he) dials his number
contestar to answer
la criada maid
¡dígame! hullo! (on the phone)
¿está la señora? is Mrs. —— in?
el momento moment
¿estás? (*estar*) are you (*tú*)?
estoy (*estar*) I am
estupendo fine
¡oye! (§64) listen!
las rebajas reductions
la semana week
el niño child
los calcetines socks

***Sale announcements:**
el niño boy
los pantalones trousers
desde from
los tejanos jeans
la niña girl
el abrigo coat
el vestido frock, dress
el caballero gentleman
la corbata tie
el traje suit
la chaqueta jacket
los leotardos tights
a mediodía at midday

13 Viajantes

el viajante commercial traveller
textil textile
vende *(vender)* he sells
la ropa clothing
los almacenes department stores
el sur de España the south of Spain
por eso consequently
viajar to travel
el pueblo small town, village
pasear por la calle to walk along the street
Isabel la Católica Isabel, queen of Castile (1451–1504)
llevar to wear
el traje suit
tiene sed (f) he is thirsty
tiene hambre (f) he is hungry
comer to eat
beber to drink
leer to read
La Vanguardia leading Spanish newspaper published in Barcelona
buen amigo (§9b) great friend
barcelonés from Barcelona
la misma . . . que the same . . . as
él he
ella she
ellos they
los abuelos grandparents
la pensión guest house
bueno good
no . . . muy not very
quieres *(querer/ie/)* you *(tú)* want
¡oiga! (§65b) I say! please!
¡diga señor! (§65b) yes, sir? what would you like?
la cerveza beer
para to
no . . . nada (§99b) not . . . anything, nothing
está bien that's all right

Illustrations
callos tripe
albóndigas rissoles

***Lista de hoteles**
el nombre name
la residencia family hotel
la dirección address
la avenida avenue
la categoría class
primero, segundo, tercero (§17) first, second, third
la habitación room
sencillo single
doble double
el comedor dining-room
el almuerzo lunch
la cena dinner (evening), supper
las comidas están incluidas meals included

14 Los chicos de Masnou

Masnou small town 15 kilometres from Barcelona
al norte de (to the) north of
C. y. L. viven (*vivir* §48) C. & L. live
son hermanos they are brothers
tienen *(tener)* they have
la hermana sister
se llama her name is
EGB i.e. Educación General Básica, compulsory curriculum in Spanish schools
el bachillerato secondary school course ending in a public exam
el colegio religioso church school
el alumno pupil
a mediodía at midday
cuando when
sus their
la lección lesson
la televisión television
miércoles Wednesday
la sala sitting room
están mirando (§52) they are watching
la película film
malo bad
¿qué hora es? what time is it?
Son las tres y pico It's just past three o'clock
mucho trabajo a lot of work
esta tarde this afternoon
la geografía geography
la clase lesson (in class)
el dibujo art, drawing
la falange *La Falange Española*; Spanish political party; the lesson on 'falange' may be compared to 'civics' in a British school
el examen examination
el francés French
vuestro your (addressing 'vosotros')
la profesora teacher (woman)
tengo que I have to, I must
repasar to revise
la gramática grammar

tus	your (addressing 'tú')
creer que	to believe that
debajo de	under
la cama	bed

Suena el teléfono

sonar /*ue*/	to ring
soy (*ser* §86)	I am
eres (*ser*)	you (*tú*) are
¿Qué hay?	What is it?
la piscina	swimming pool
poder /*ue*/	to be able
entonces	then
¡Qué lastima!	What a pity!

Primer día de clase

primer día (§22) **de clase**	first day of school
estar presente	to be present
sois (*ser*)	you (*vosotros*) are
el primo	cousin
estar enfermo	to be ill
el italiano	Italian
el catalán	Catalan, a native of Catalonia, a north-eastern region of Spain where about 4 million people speak Catalan as well as Castilian.
no está	he's absent
el lavabo	toilet
volver /*ue*/	to come back
pronto	soon

El horario de Luis

el horario	time-table
lengua	(Spanish) language
ciencias	science
recreo	break, recreation
música	music
catalán	Catalan
matemáticas	mathematics
gimnasia	physical training
religión	religious instruction
FEN	i.e. *Formación del Espíritu Nacional*, the official name for 'falange' (at school)
trabajos manuales	(boys') crafts
el lunes	on Monday
el jueves	on Thursday
los martes (§4b)	on Tuesdays
los viernes	on Fridays
libre	free
el sábado	on Saturday
tampoco	neither, not . . . either

15 Los meses

el mes	month
enero	January
febrero	February
marzo	March
abril	april
mayo	May
junio	June
julio	July
agosto	August
septiembre	September
octubre	October
noviembre	November
diciembre	December
la fecha	date
el uno de septiembre	the first of September
¿cuándo?	when?
las vacaciones	holidays
el día de mi santo	my saint's day (the day dedicated to the saint after whom I am named)
el santo	saint
más tarde	later
antes	before

En Guatemala no hay primavera

la primavera	spring
Centroamérica	Central America
el guatemalteco	Guatemalan
hablar	to speak, to talk
la estación del año	season
como	like
el verano	summer
el otoño	autumn
el invierno	winter
la costa	coast
¿cuál?	which?
desde	from
hasta	till, to
el tiempo	weather
¿qué tiempo hace?	what's the weather like?
el calor	heat
hace calor	it's hot/warm
llueve (*llover*)	it rains
la lluvia	rain
el frío	cold
hace frío	it's cold

El tiempo

hace buen tiempo	it's fine
el sol	sun
hace sol	it's sunny
el grado	degree
la sombra	shade
cero	zero
hace mal tiempo	the weather's bad
el viento	wind
hace viento	it's windy
bajo	below
¡Qué calor tengo!	I *am* hot!
ya	now, already
***¿le gusta . . . a usted?**	do you like . . .?
***el helado**	ice-cream

Dos postales

Sr. D.	= Señor Don, i.e. "Mr." or "– Esq."
1975 (§20)	mil novecientos setenta y cinco
querido	dear
la ciudad	city
ver	to see
el mar	sea
la ventana	window
la habitación	room
abrazos (de)	love (from)
Srta.	= señorita
enorme	huge
la comida	food
madrileño	(of) Madrid
un poco de	a little
el aire	breeze, wind
pasado mañana	the day after tomorrow
pensar /*ie*/	to intend, plan
pasar	to spend (time)
Saludos (de)	All the best (from)
el Museo del Prado	the most famous Spanish art gallery

17 En la playa

el turismo	tourism
la fuente de divisas	source of revenue from abroad
importante	important
el extranjero	foreigner
el este	east
la Costa Brava	Spanish coastal region north of Barcelona
la Costa del Sol	Spanish coastal region between Almería and Gibraltar
las Islas Canarias	Canary Islands
el 70 por ciento	70%
el turista	tourist

el francés	Frenchman
el inglés	Englishman
el alemán	German
***A mí también me gustaría ir de vacaciones** (§32b)	I should like to go on holiday too
¿Adónde te gustaría ir?	Where would you like to go?
quizás	perhaps
Noruega	Norway
Finlandia	Finland
¿verdad?	are you?
sueco	Swedish
Suecia	Sweden
la mujer	wife
el español	Spanish (language)
Estocolmo	Stockholm
el novio	boy-friend
entender /ie/	to understand
pasar	to be due
faltan 5 minutos	in 5 minutes from now
el tiempo	time
tardar en	to take (time) to
llegar	to arrive
la estación	station
japonés	Japanese
el transistor	transistor radio
holandés	Dutch
el televisor	TV receiver
Holanda	Holland
alemán	German
danés	Danish

18 Un pescador

el pescador	fisherman
usted se acuesta *(acostarse)*	you go to bed
se levanta *(levantarse)*	(you) get up
me despierto *(despertarse)*	I wake up
a eso de las dos	at about two o'clock

Alvaro Conqueiro

vive (*vivir* §48)	(he) lives
al sur de	(to the) south of
portugués	Portuguese
el mercado	market
el hijo	son
la mayoría	majority
los habitantes	population
viven de (*vivir* §48)	(they) live by
la pesca	fishing
la barca	boat
la libertad	liberty
están cenando (§52)	(they) are having supper
está preparando	(she) is preparing
os vais *(irse)*	you (vosotros) set off
nos vamos *(irse)*	we set off
dentro de	in
el cuidado; ¡cuidado!	care; take care!
el marido	husband
salen (*salir* §48) **de casa**	(they) leave home
el puerto	port
se encuentran *(encontrarse)* **con**	(they) meet
se quedan *(quedarse)*	(they) stay
ponen	(they) put
la caja	crate
la sardina	sardine
la gamba	prawn
la camioneta	van
la parte	part
parte de la pesca	part of the catch
el resto	remainder
la fábrica de conservas	canning factory
se afeitan *(afeitarse)*	(they) shave
se lavan *(lavarse)*	(they) wash

19 Madrid

la casa	house, block of flats
moderno	modern
el edificio	building
los edificios más altos	the highest buildings
junto a	near
la avenida	avenue
José Antonio *(Primo de Rivera)*	Spanish politician (1903–36); founder in 1933 of "La Falange española" (see note in vocabulary, Lesson 14)
la Gran Vía	literally: "Great Way"
la torre	tower
la foto	photo
el monumento	monument
Cervantes	Miguel de Cervantes (1547–1616), the famous Spanish writer who recounts the adventures of the knight Don Quijote and his squire Sancho Panza in the novel *Don Quijote de la Mancha*
peor que	worse than
las afueras	outskirts
al fondo	in the background
la puerta	gate
el parque	park
el soldado	soldier
el estanque	pond
el lago artificial	artificial lake
Alfonso XII *(doce)*	King of Spain 1874–1885
mejor	better
el museo de arte	art gallery
conocido	known
la maja	beauty
desnuda	naked
Goya	see Lesson 4 vocabulary
el guía	guide
explicar	to explain
El Greco	painter (1541–1614)
Velázquez	Diego de Velázquez (1599–1660), a painter

En el rastro

el rastro	Madrid flea-market
¿cuánto vale?	how much is it
el reloj	watch
el vendedor	stallholder, salesman
viejo	old
me (§30)	(to) me
dar *(doy)*	to give (I'll give)
ese	that
¿vale?	OK?
Tome usted	Here you are

20 La señora Carmen Pérez de González

A Spaniard has one or more first names and two surnames, his father's and his mother's. When a woman marries, she keeps her own first surname and takes her husband's first surname as well, e.g. *Carmen Pérez López*, on marrying *Fernando González Reyes*, becomes *Carmen Pérez de González* and will be referred to as *"la señora de González"*. Luis, a son of the marriage, will be *Luis González Pérez* officially, *Luis González* to his friends.

vivir	to live
el barrio	district, quarter
antiguo	old
la portería	porter's lodge
la portera	caretaker

para nosotros (§24)	for us
el correo de hoy	today's post
¡Qué sello más bonito! (§11)	What a pretty stamp!
para mí (§24)	for me
aquí pone	it says here
el primer piso	the first floor
el tercero	the third (floor)
***el mozo**	delivery boy, messenger
Galerías Preciados	popular chain department stores
el cuarto	the fourth (floor)
el ascensor	lift
funcionar	to work
dejar	to leave
subir	to go up
la primera vez	the first time

Illustration

Izda. = izquierda	
el médico	doctor
el abogado	solicitor
Dcha. = derecha	
el dentista	dentist

21 El periodista

el periodista	journalist
escribir	to write
el artículo	article
sobre	on
la literatura	literature
está casado	(he) is married
los hijos	children
la hija mayor	the elder daughter
la menor	the younger
el dinero	money
recibir	to receive
el profesor	teacher
la academia de noche	evening school
el curso	course
COU	i.e. Curso de Orientación Universitaria, a pre-university course
la Ciudad Universitaria	University City
el metro	underground railway
próximo	next
subir a	to get into, to board
el club	club
ya no	no longer, not any more
salir	to appear, to be published
saber	to know
Sol	underground station and junction in *la Puerta del Sol*, a square in the centre of Madrid
salgo *(salir)*	I alight, I get out
hago *(hacer)* **transbordo**	I change
la línea	line
bajar	to alight, to get out
todavía	still
acabamos de comprar	we have just bought
vienes *(venir)*	you (*tú*) come

En el aeropuerto de Barajas

el aeropuerto	airport
Barajas	Madrid international airport
¿de dónde?	where . . . from?
vengo *(venir)*	I (have) come
el colombiano	Colombian
el peruano	Peruvian

22 El tren no llega

doña, don	titles used respectively with a woman's and man's first name
la estación de ferrocarril	railway station
castellano	Castilian
están esperando	(they) are waiting
el tren para	the train for
Guadalajara	town in Castilla la Nueva about 5 miles north-west of Madrid
solo	alone
el andén	platform
está escribiendo	(she) is writing
está leyendo *(leer)*	(he) is reading
sudar	to perspire
el horario	time-table
marcar	to show
las tres en punto	3 o'clock exactly
mira a su mujer (§96)	(he) looks at his wife
pasa media hora	half-an-hour goes by
no lo comprendo	I don't understand it
hay otro tren	there's another train
sacar	to take out
el agua mineral	mineral water
tener sueño	to be sleepy
Tomasito	see §100b
abajo	below
la nota	note
en la nota pone que	in the note it says that
a estas horas	at this time
tener ganas de	to want to

23 Una familia nerviosa

nervioso	nervous
visitar	to visit
la tía	aunt
mucha gente	a lot of people
la taquilla	ticket office
el grupo	group, party
el cura	priest
sacar un billete	to take a ticket
el banco	bench
la puerta	door
el viajero	passenger, traveller
la vez (pl. *las veces*)	time
están un poco nerviosos	(they) are rather nervous
el vestido	dress
el viaje	journey
lo llevo	I am wearing it
además	besides
no los veo	I can't see them
Carmencita	little Carmen (§100b)
papá	Dad
el bolso	handbag
la llave de casa	doorkey
si acabamos de comer	we've only just had dinner
***abrir**	to open
la mortadela	mortadela (pork and bacon luncheon meat)
mamá	Mum
¡toma!	here!

Illustrations:

"Caballeros"	"Gents"
la cantina	snack bar

24 El piso nuevo

la nevera	refrigerator
la alfombra	carpet
la flor	flower
la cortina	curtain
el sillón	armchair
el espejo	mirror
el juguete	toy
la cómoda	chest of drawers
la entrada	doorway
el pasillo	corridor, passage
el comedor	dining room
el dormitorio	bedroom
el cuarto de baño	bathroom
el balcón	balcony
¿Dónde pongo?	Where shall I put?

Puede ponerla en . . .	(You) can put it in . . .

25 En la agencia de viajes

En Bilbao

la agencia de viajes	travel agency
delgado	slim, thin
de unos 25 años	of about 25
tiene los ojos verdes	(she) has green eyes
el empleado	clerk
salir	to leave
el pasaje	fare
ida y vuelta	return
1 310 pesetas	mil trescientas diez pesetas

En Valencia

está a unos 15 kilómetros	it's about 15 kilometres away
la guía	guide-book, handbook
primero	first
cambiar de tren	to change trains
el Talgo	fast luxury train
Francia	France
el nocturno	night (train)
lleva coches-cama	it has sleepers
el coche-cama, pl. coches-cama	sleeping-car
cómodo	comfortable
tener razón	to be right
de segunda (clase)	second (class)
hay que	you must, it's necessary to
sacar reserva de asiento	to reserve seats

Illustration:

la salida	departure
el correo	stopping train
la llegada	arrival
la vía	track (in Spain one platform may serve two tracks)

27 Un campesino andaluz

el campesino	countryman, peasant
andaluz	Andalusian
el soltero	bachelor
en el interior de	in the interior of
todos los años	every year
el campo	country
plantar	to plant
el arroz	rice
el equipaje	luggage
el perro	dog
jugar al dominó (§49c)	to play dominoes
una copita de jerez	a glass of sherry
mientras	while
hacia	towards
estar contento (§95b)	to be pleased
bastante	quite
la finca	estate
el marqués	marquis
conocer *(conozco)*	to know
claro que . . .	of course . . .
la mili (i.e. **milicia**)	military service
Ceuta	Spanish base in N. Africa
van a ir (§54)	(they) are going
acordarse */ue/* **de algo**	to remember something
exacto	exact
¡buen viaje!	have a good journey!

28 En la aduana

la aduana	Customs
el aduanero	customs officer
algo que declarar	anything to declare
abrir	to open
no es mía	is not mine
no es suya	(it) isn't yours
la mía esta aquí	mine is here

En el cine

perdone (perdonar)	excuse me
estar ocupado (§95b)	to be taken
estar libre (§95b)	to be vacant

29 Algo diferente

diferente	different
los señores	Mr. and Mrs.
Van a volver hoy	they are going to return today
el bistec	beef steak
patatas fritas	chips
la paella	Spanish rice dish
saber hacer algo	to be able (i.e. to know how) to do something
cocinar	to cook
el libro de cocina	cookery book
el ingrediente	ingredient
la cantidad	quantity
el pollo	chicken
la cigala	crayfish
el tomate	tomato
la cebolla	onion
el pimiento	(green or red) pepper
el azafrán	saffron
la sal	salt
el aceite	oil
el kilo	kilo
el gramo	gramme
apuntar	to note down
el papel	piece of paper
todo lo que	everything that
el vino tinto	red wine
la fruta	fruit
el postre	sweet (course)
la naranja	orange
la uva	grape
el plátano	banana
el flan	baked custard with caramel sauce

De compras

de compras	shopping
el supermercado	supermarket
sexto	sixth
la planta baja	ground floor
un carrito	a trolley
un sobrecito	a small packet
una barra de pan inglés	a farmhouse loaf
una canastilla	a wire basket
pasar por	to go up to
la caja	cash-desk
la cajera	cashier
la bolsa de plástico	plastic bag
la compra	shopping
el microbús	small bus which stops only by request

En el puesto de pescado

el puesto de pescado	fish-stall
¿a cuánto están?	how much are they?
póngame (*poner* § 80)	give me, I'll have

Signboard:

el calamar	squid

En la cocina

has venido (perf. of *venir*)	you *(tú)* have come

el taxi	taxi
traer	to bring
ha traído (perf. of *traer*)	(he) (has) brought
ha cambiado (perf. of *cambiar*)	(he) has changed
ha vendido (perf. of *vender*)	(he) has sold
creo que sí	I think so
olvidar	to forget
los papás	Mum and Dad
tener prisa	to be in a hurry
la prisa	haste, hurry
poner la mesa	to lay the table

En el comedor

el mantel	tablecloth
estoy buscándolo	I'm looking for it
el cajón	drawer
la servilleta	serviette
limpio	clean
lavar	to wash
el lavaplatos	dishwashing machine
el plato	plate
estar sucio	to be dirty
estar roto	to be broken
ha puesto *(poner)*	(she) has laid
el cuchillo	knife
el tenedor	fork
la cuchara	spoon
estar listo	to be ready

A la mesa

han vuelto *(volver)*	(they) have returned
estar sentado a la mesa	to be sitting at the table
excelente	excellent
muchísimo	very much indeed
han hecho *(hacer)*	(they) have made
estar rico	to be delicious
estar salado	to be salt, salty
estar estupendo	to be lovely, "super"

De sobremesa

de sobremesa	after the meal
después de comer	after dinner
trae	(she) brings
estar dulce	to be sweet
el azúcar	sugar
para ti (§24)	for you *(tú)*
¿ha habido *(haber)* **correo?**	has there been any post?
escrito *(escribir)*	written
abierto *(abrir)*	opened
arreglar	to get ready, put in order
el cuarto	room
¡qué gris está el cielo!	how grey the sky is!
por la radio han dicho *(decir)*	they said on the radio

Suena el teléfono

¿de parte de quién?	who is speaking? (on phone)
la discoteca	discoteque
estar cerrado	to be closed
hacen una película	a film is on
visto *(ver)*	seen
acompañar	to come with
¿te parece bien a las ocho	will 8 o'clock suit you?
verse	to meet

Los Caballé

cultivar	to grow
recoger	to pick
el camión	lorry
alguien	someone
buscar	to fetch
no . . . nadie	nobody
el tractor	tractor

31 El Ministro

el chiste	joke (This text is an example of the type of joke which is enjoyed in Spain and Latin America; all the names are fictitious.)
el ministro	minister
la cosa	thing
construir	to build
la escuela	school
el país	country
el adulto	adult
la universidad	university
el hospital	hospital
aplaudir	to applaud
no . . . ni	neither . . . nor
por esto	therefore
dirigirse a alguien	to address someone
el público	audience, public
alguno de vosotros	any of you
mire	look here
ninguno de nosotros	none of us
les da un consejo	gives them a piece of advice
ustedes deben *(deber)*	you must
alguna fábrica	literally: any factory
algún hospital	literally: any hospital. In English this would be expressed here "any factories/hospitals"
ninguna fábrica	literally: no factory
ningún hospital	literally: no hospital; in English, no factories/hospitals

32 Billetes y monedas

el billete	banknote
la moneda	coin
la esposa	wife
el Banco Español de Crédito	a leading Spanish bank
el cheque de viaje	traveller's cheque
el dólar	dollar
el franco	franc
haga el favor de (*haga* imperative of *hacer* §65b)	will you kindly
firmar	to sign
el nombre	first name
el apellido	surname
¿a cuántos estamos?	what's the date today?
el documento de identidad	proof of identity
lo siento *(sentir)*	I'm sorry
el pasaporte	passport
devolver */ue/*	to give back
le devuelve a la señora	(he) returns to the lady
entregar	to give, to hand over
le entrega al señor	(he) hands to the gentleman
el ticket	chit
el cajero	cashier
les entrega	(he) hands to them
el recibo	receipt
***¿Las quiere de cien?**	Do you want 100-peseta ones (i.e. coins)?

Notice board:

la libra (esterlina)	pound (sterling)
el franco suizo (belga)	Swiss (Belgian) franc
el marco alemán (finlandés)	German (Finnish) mark
chelines (m)	Austrian schillings

el escudo unit of Portuguese currency
el bolívar unit of Venezuelan currency

33 Deporte y tapas

el deporte sport
las tapas appetizers, snacks
sentarse /*ie*/ to sit down
la cafetería café where food is served
prestarle atención (a alguien) to pay attention (to someone)
la atención attention
la terraza terrace

***la tele** TV
la vuelta a España round-Spain cycle race
la última etapa last lap
el líder front runner
ganar to win
cansado tired
ser aficionado a algo to be keen on/a fan of something
el ciclismo cycling
el fútbol football
practicar to go in for, take part in
jugar al tenis to play tennis
el Madrid, i.e. **el Real Madrid** famous Spanish football team
¡caramba! good heavens! blow me down!
¡no está mal! not bad!
invitar to invite
¡tráigame! (imperative of *traer* §65b) bring me
frío cold
un vermú a vermouth
preferir /*ie*/ to prefer
los jóvenes youngsters
el helado ice cream
uno de vainilla a vanilla one
la horchata milky drink made from ground nuts
para él for him
para ella for her
la ración portion
la almendra almond
la aceituna olive
la bebida drink

Illustrations:
el mejillón mussel
el equipo team

contra against
el futbolista footballer

En el aparcamiento

el aparcamiento car park
conmigo with me
contigo with you *(tú)*

35 Consultorio

el consultorio surgery, consulting room
la sala de espera waiting-room
el doctor doctor
el paciente patient
el médico doctor (of medicine)
¿qué le pasa? what's the trouble?
encontrarse/*me encuentro* to feel
dormir /*ue*/ to sleep
examinar to examine
detenidamente carefully
vaya (imp. of *ir*) go (to *usted*)
caminar to walk
haga (imp. of *hacer*) **ejercicio** take exercise
quisiera *(querer)* I should like
esquiar to ski
tenga (imp. of *tener*)
tener cuidado con to take precautions against
el siguiente next
a la vez at the same time
pase usted you go in
permítame (imp. of *permitir*) excuse me
siéntese (imp. of *sentarse*) sit down
doler /*ue*/ to ache, to be painful
el dolor de cabeza headache
terrible frightful, terrible
la nariz nose
la boca mouth
la garganta throat
hinchado *(estar)* (to be) swollen
la fiebre fever, rise of temperature
me parece que I think that
la gripe influenza
la receta prescription
la pastilla tablet
durante for (with time)
mucho peor much worse
el estómago stomach
la frente forehead
el cuerpo body

Illustration:
el pelo hair

el brazo arm
la mano hand
la rodilla knee
la pierna leg
el pie foot

36 Andrés está triste

triste sad
la caza the hunt
Carlos Saura Spanish film director
la entrada (cinema) ticket
¡hombre! heavens!
correr to run
salvar to save
los muchachos the boys
devuelto *(devolver)* given back
ponerse en la cola to join the queue
le toca a él his turn comes
agotado sold out
la taquillera box-office clerk
la función performance
ponerse triste to feel sad
a medianoche at midnight
el portal main door (of block of flats)
se da cuenta de que *(darse cuenta de algo)* he realizes that
llamar to call
el sereno night watchman (who holds the keys of the blocks of flats in his own "beat")
dar unas palmadas to clap
las palmadas claps
un señor mayor an elderly man
la gorra cap
el bastón stick
el duro 5-peseta piece
dar una vuelta por to stroll through

37 Robo de un cuadro

el robo theft
ayer yesterday
la joven girl, young woman
entró (pret. of *entrar*) (she) went in
llevarse to take away
famoso famous
el pintor painter
la policía police
fue (pret. of *ir*) (she) went
al contado cash down

hizo (pret. of *hacer*)	(she) did
el taxista	taxi driver

Diálogo

el diálogo	dialogue
estoy cansado	I'm tired

38 Cartas

Una carta del extranjero

el extranjero	abroad, foreign parts
llevamos ocho meses aquí	We have been here for eight months
pensar /*ie*/ **en**	to think about
el mes pasado	last month
horas extra	overtime
anteayer	the day before yesterday
un coche de segunda mano	a second-hand car
a plazos	by instalments
acostumbrarse a algo	to get used to something
el puesto	job
el taller mecánico	machine-shop (i.e. workshop)
dijo (pret. of *decir*)	(he) told
enviar	to send
la verdad es	the fact is
el zapato	shoe
la sirena	siren
abrazos muy fuertes	much love
el recuerdo; los recuerdos	good wishes, all the best

Una carta al extranjero

gracias por	thank you, thanks for
nos causó mucha alegría	(it) cheered us up a lot
la alegría	joy
a D.G. = a Dios Gracias	thank God, thank heaven
sus tierras	their property
el mueble	furniture
poner un taller	to open a workshop
la zapatería	shoe-shop
estuvimos (pret. of *estar*)	we were
estuvimos con ellos	we saw them
enseñar	to show
Suiza	Switzerland
que te quieren (*querer*)	loving, affectionate
besos (m) **para**	love to
Carlitos	little Carlos (§100b)

Diálogo 1

lo vi (pret. of *ver*)	I saw him

Diálogo 2

hiciste (pret. of *hacer*)	you (*tú*) did
fui (pret. of *ir*)	I went

39

Eraclio Pacheco

el mestizo	half-caste, of mixed race
el Pacífico	Pacific Ocean
no . . . ni	neither . . . nor
murió (pret. of *morir*)	(she) died
hace dos años	two years ago
nacer	to be born
pobre	poor
el sucre	unit of Ecuadorian currency
el sombrero	hat
la paja	straw
a mano	by hand
el comerciante	dealer
norteamericano	American
una carretilla	truck
la paja la ha comprado allí	he has bought the straw there
la carretera	road
contar /*ue*/	to count

40 En la comisaría

la comisaría	police station
el policía	policeman
¿En qué puedo servirle?	What can I do for you?
perder /*ie*/	to lose
ocurrir	to happen, to occur
estaba (imp. of *estar*)	(I) was
de repente	suddenly
me di cuenta de que (pret. of *darse cuenta*)	I realized that
pasar	to happen, to take place
¿Qué había en el bolso?	What was there in the handbag?
tenía (imp. of *tener*)	(I) had
el carnet de identidad	identity card
rellene (imp. of *rellenar* §65)	fill in
la hoja	form, slip
espere (imp. of *esperar* §65)	wait
robar	to steal

lo puse (pret. of *poner*)	I put it
siéntese (imp. of *sentarse* §65b)	sit down
Se le cayó (pret. of *caer*) **a una mujer**	a woman dropped it
era (imp. of *ser*)	was
tenía el pelo rubio	(she) had fair hair
desaparecer (*desaparezco*)	to disappear

Illustration: **todo por la patria**	all for the fatherland

41 Cartas al Director

el director	editor
Destino	a Barcelona weekly
muy señor mío: (§41)	dear sir,
un par de horas	a couple of hours
continuamente	continuously
no se puede respirar	one can't breathe
el árbol	tree
tantos	so many
el cliente	client, customer
tranquilamente	undisturbed
descansar	to rest
por la acera	along the pavement
iba y venía (imp. of *ir, venir*)	walked up and down
molestar	to disturb
el cuello	collar
limpiar	to clean
difícil	difficult
los responsables	the responsible authorities
solucionar	to solve
fácil	easy
la solución	solution
atentamente	yours faithfully

**Correspondencia*

la correspondencia	correspondence
me gustaría tener correspondencia	I should like to correspond
la edad	age
la música	music
clásica	classical
el baile	dancing
la natación	swimming
el pin-pon	ping-pong, table tennis
nadar	to swim
ayudar	to help
pues	because, for
el inglés	English (language)

42 Las flores

pudo (pret. of *poder*)	(he) could
lo había robado (§59)	had stolen it
tuvo que (pret. of *tener*)	(he) had to
denunciar	to report
al día siguiente	the next day
alegrarse	to be glad
naturalmente	naturally, of course
dentro de	inside
magnífico	magnificent
el ramo	bunch, bouquet
la rosa	rose
el teatro	theatre
el ladrón	thief
la obra de teatro	play
divertido	funny, entertaining
vacío	empty
nunca	never

43 Jorge Rodríguez

la emigración	emigration
la mayor parte	majority
depende	it (all) depends
la vida	life
distinto	different
la lengua	language
la costumbre	custom
el católico	Catholic
se gana poco	earnings are poor
la tierra está en manos de unos pocos	the land is owned by a few people
los que no tenemos tierra propia	those of us who own no land
continuar	to continue
trabajador	hard-working
ambiciosa	ambitious

Pronunciation and spelling

El alfabeto espanol *The Spanish alphabet*

a	[a]	n	[ene] (1)
b	[be] "be de Barcelona"	ñ	[eɲe]
c	[θe]	o	[o]
ch	[tʃe] (1)	p	[pe]
d	[de]	q	[ku]
e	[e]	r	[ere]
f	[efe]	rr	[ere] "erre"
g	[xe]	s	[ese]
h	[atʃe]	t	[te]
i	[i]	u	[u]
j	[xota]	v	[uƀe] "be de Valencia"
k	[ka]	x	[ekis]
l	[ele]	y	[iɣrjeɣa] "i griega"
ll	[eʎe] (1)	z	[θeta]
m	[eme]		

(1) *Ch*, *ll*, *ñ* and *rr* are regarded as additional letters in the Spanish alphabet, following *c*, *l*, *n* and *r* respectively. *W* is not included, as it is used only in a very few words of foreign origin.

The best way to learn to pronounce is by imitation of good native speakers and, with the help of a tape recorder, critical comparison of one's own pronunciation with theirs. But analysis of the sounds of a foreign language is also helpful, so the generally accepted vowel and consonant sounds of Castilian Spanish are described below, their corresponding phonetic symbols being given in square brackets.

Las vocales *Vowels*

1 Vocales simples Simple vowels

There are only five vowel sounds in Spanish and these are short and precise, not weakened as in English when not stressed.

a [a] Between English *a* of *mat* and that of *father*: la carta, más

e [e] Similar to the *e* of *they* without the sound of *y*: tele, peseta

i [i] Like the *ee* in *feet*, but shorter: disco

o [o] Between northern English and Scottish *o* in *note* and the *o* of *not*: bolso

u [u] Like *oo* in d*oo*m: Cuba

y [i] In *y* (and) like Spanish *i*; between vowels and at the end of a word like the *y* as in English *royal*: leyendo; hoy, Uruguay.

Note that the *u* of *gue*, *gui*, *que* and *qui* is silent.

gu + e sounds like hard *g* + *e*
gu + **i** sounds like hard *g* + *i*
qu + **e** sounds like *k* + *e*
qu + **i** sounds like *k* + *i*

2 Diptongos Diphthongs

a, **e** and **o** are strong vowels, **u** and **i** are weak ones. Combinations of **u** with **i**, or of a strong vowel with a weak one form one syllable unless the weak vowel carries a written accent, whereas combinations of two strong vowels form two syllables.

e.g. **Sue/cia**, **ciu/dad**, **dí/a**
pa/se/o

Las consonantes *Consonants*

b/v Both pronounced like a soft English *b*, between the lips, not between the upper teeth and lower lip like an English *v*.
1 [b] At the beginning of an utterance and after *m* and *n*, they are slightly more like an English *b*: **v**amos, tam**b**ién, un **b**uen **v**ino.
2 [b] Between vowels they are softer: una revista.

c 1 [k] Before consonants and before *a*, *o* or *u*, like English *k*, but softer: **c**laro, **c**arta, **C**olón, **C**uba.
2[θ] Before *e* and *i*, like *th* in *thing*: Bar**c**elona, **c**inco.

ch [tʃ] Like *tch* in English *match*: **Ch**ile, mu**ch**acho.

d 1 [d] At the beginning of an utterance and after *n* or *l*, like English *d*, pronounced with the tongue touching the top teeth instead of the roof of the mouth: ¡**D**ígame! alcal**d**e, cuan**d**o
2 [đ] Between vowels and before *r*, slightly harder than English *th* in *rather*: na**d**a, Tole**d**o, cua**d**ro.
3 [ð] At the end of a word, it is pronounced very lightly or not at all, or, in some areas, like *th* in *thing*: usted, Madrid, ciudad.

f [f] Like English f.

g 1 [g] After *n* and at the beginning of an utterance, like English *g* in *go*, only softer: **G**oya, ten**g**o, **g**uardia.
2 [γ] Before *a*, *o* and *u*, and before *r* like English *g* in *go*, but very much softened: Mála**g**a, lue**g**o, **g**rande, al**g**o.
3 [x] Before *e* and *i*, like *ch* in *loch*: **g**ente, **G**ibraltar.

h Silent in Spanish.

j [x] Like *ch* in *loch*: **J**orge, **J**uan, naran**j**a.

k [k] Like Spanish *c* before *a*, *o* and *u*. k occurs only in words of foreign origin in Spanish: **k**ilómetro, **k**ilo.

l [l] Like English *l* in *lime* pronounced with the tip of the tongue against the roof of the mouth: **l**ibro, sa**l**, hote**l**.

ll [λ] Like the *lli* of *million*: Sevi**ll**a, ca**ll**e, si**ll**ón. In some parts of Spain (e.g. Madrid) and in Latin America, *ll* is pronounced like *y* in *yes* (this is called "yeísmo"), or like the *s* in *pleasure*.

m [m] Like English *m*

n [n] Like English *n*. At the end of a word it tends to be slightly nasalised, though less so than English *ng*.

ñ [ɲ] Like *ny* in *canyon*: Espa**ñ**a, a**ñ**o, ni**ñ**o.

p [p] Like English *p*, but gentler and less aspirated, i.e. without the puff of air that accompanies it in English: **p**ara, **p**erro, **p**i**p**a.

q [k] Always followed by *u*; it produces before *e* and *i* the sound produced in Spanish by *c* before *a*, *o* and *u*: **q**ueso, **q**uince.

r 1 [r] A single *r* between vowels is pronounced with a flap of the tongue against the roof of the mouth, producing a slight roll: pa**r**a, pe**r**o.
2 [r̄] At the beginning and end of an utterance and before and after a consonant, the tongue may be flapped twice, producing a more rolled *r*. Some speakers use the same type of "roll" at the beginning of a word: **r**evista, ba**r**, cua**r**to, cuat**r**o.

rr [r̄] Like Spanish *r* described in point 2 above.

s 1 [s] Like *ss* in *pass*, but slightly approaching English *sh*: **s**eñor, **s**ábado, e**s**o. Before *r*, an *s* is often weakened or even omitted: la(s) rosas, lo(s) ríos.
2 [z] Before a voiced consonant (*b*, *d*, *g*, *m*, *n*, *l*) the *s* is slightly voiced without becoming as hard as English *z*: mi**s**mo, bueno**s** día**s**, lo**s** gatos.

t [t] Like English *t* but often pronounced with the tongue touching the upper teeth, not the roof of the mouth as in English.

v See pronunciation of Spanish *b*.

w Only found in a few words of foreign origin; pronounced like Spanish *b* and *v* or like an English *v* or *w*: **w**áter (W.C.), **w**eek-end.

x 1 [gs] Between vowels, *x* may be pronounced like English *gs* or *ks*: examen, exigente. Some speakers even pronounce it like English *ss* in *pass*: pró**x**imo.
2 [ks] or [s] Before consonants *x* is like English *ks*; in rapid speech this may become *s*: e**x**portar, expresc

y 1 [j] As a consonant, like *y* in *yes*: Go**y**a, desa**y**unar, **y**o.
2 [i] At the end of a word and standing alone (meaning "and"), like Spanish *i*: Carlos **y** Cristina, mu**y**, esto**y**.

z [θ] Like *th* in *thing*: pla**z**a, a**z**úcar, jere**z**. In parts of southern Spain, in the Canary Islands and in Spanish-speaking Latin America, **z** is pronounced like *ss* in *pass*; this is called "seseo".

Acentuación Stress

1 If a word ends in a vowel, *n* or *s*, the stress falls on the penultimate (next to last) syllable: **carta**, **gracias**, **compran**.
2 If a word ends in a consonant other than *n* or *s*, the stress is on the last syllable: **verdad**, **hotel**, **comprar**.
3 A word not stressed according to the above rules has an acute accent (the only accent used in Spanish) on the stressed syllable: **cámara fotográfica**, **también**, **inglés**, **fútbol**.

Entonación Intonation

A few guide-lines

1 *Statements*

a The tone descends towards the end of a sentence:

↘

Esto es un bolso. Madrid está en España.
This is a bag. Madrid is in Spain.

b Where the sentence contains a slight pause, the tone rises to the pause, then descends:

↗ ↘

En su maleta blanca hay camisas y discos.
In his white case there are shirts and records.

2 *Questions*

a When the sentence begins with an interrogative word, the tone descends from that word:

↘ ↘

¿Qué es esto? *¿Dónde está Antonio?*
What's this? Where's Antonio?

↘

¿Por qué no está aquí?
Why isn't he here?

b When the question is in the second part of the sentence, the tone rises towards the end:

↗ ↘

En el bolso hay un disco? (Sí, hay un disco.)
Is there a record in the bag?

↘ ↗

(¿Cómo está usted?) Gracias, muy bien, ¿y usted?

Sinalefa Sound-linking

1 When a word ending in a vowel is followed by another vowel or vowel sound, the two or more sounds must be pronounced so as to merge into one diphthong:
En el bolso hay un libro interesante.
¿Cómo está usted? Gracias, muy bien, ¿y usted?
Ahora va a hablar Carmen. Después va a ir a La Habana.

2 Final consonants must be linked in speech to following vowel sounds:
Los otros hombres están en Buenos Aires.

Signos de puntuación Punctuation marks

.	el punto	( )	el paréntesis
,	la coma	——	la raya
;	el punto y coma	–	el guión
:	los dos puntos	" "	las comillas
. . .	los puntos suspensivos	´	el acento ortográfico[2]
?	la interrogación[1]	ñ	la tilde[3]
!	la exclamación[1]		

1 Inverted question and exclamation marks are placed at the beginning of questions and exclamations even when this does not coincide with the beginning of a sentence; a comma usually separates the first part of the sentence from the question or exclamation:
Y tú, ¿cómo estás? And how are you?
Mire, ¡qué bolso más bonito! Look, what a pretty bag!

2 An acute accent is required:

a on interrogative and exclamatory words:
¿Cómo está usted? How are you?
¿Dónde está Carmen? Where's Carmen?
¿Cuánto es? How much is it?
¡Qué lástima! What a pity!
¡Cuánta gente! What a lot of people!
¡Cómo corren! How they run!

b when a word is not stressed according to the rules; see section on Stress.

c when a weak vowel has to be stressed: **día**, **país**, normally *-ia* and *-ai* would each form one syllable only, e.g. **farmacia**, **vais**.

d to distinguish between words of different meaning and identical spelling; e.g.

tú (you)	**tu** (your)	**más** (more)	**mas** (but)
mí (me)	**mi** (my)	**sí** (yes)	**si** (if)
él (he)	**el** (the)		

3 The tilde is only used over *n*: **ñ**. See notes on pronunciation of consonants.

Algunos cambios ortográficos Some spelling changes

1 Before *e*, **z** changes to **c**:

una ve**z** (once)	empie**z**o (I begin)
dos ve**c**es (twice)	empe**c**é (I began)

Only in a very few proper names and words of foreign origin do **ze** and **zi** occur in Spanish; therefore the beginner can always assume that the sounds θe and θi (see notes on pronunciation of consonants) are spelt **ce** and **ci**.

2 To retain the sound it has in the infinitive, the **g** of the stem of such verbs as **llegar** and **pagar** needs a **u** when the ending following it begins with **e**:

lle**g**o (I arrive)	lle**gu**é (I arrived)
pa**g**o (I pay)	pa**gu**é (I paid)

3 An unstressed **i** between vowels changes to **y**:
le**y**endo (*le-* + *-iendo*) reading
constru**y**o (*construi-* + *-o*) I build

4 Before a word beginning with **i**- or **hi**-, **y** (and) changes to **e**:
padres **e** hijos (fathers and sons)
España **e** Inglaterra (Spain and England)

5 Before a word beginning with **o**- or **ho**-, **o** (or) changes to **u**:
siete **u** ocho (seven or eight)

6 Between figures, **o** (or) is written with an accent: 6 **ó** 7.